Anonymous

**Orenburgische Topographie**

oder umständliche Beschreibung des Orenburgischen Gouvernements

Anonymous

**Orenburgische Topographie**
*oder umständliche Beschreibung des Orenburgischen Gouvernements*

ISBN/EAN: 9783743692695

Hergestellt in Europa, USA, Kanada, Australien, Japan

Cover: Foto ©ninafisch / pixelio.de

Weitere Bücher finden Sie auf **www.hansebooks.com**

# ORENBURGISCHE TOPOGRAPHIE ODER UMSTÄNDLICHE BESCHREIBUNG DES...

Pëtr Ivanovič Ryčkov

## Vorrede des Verfassers.

Da ich gegenwärtig den zweyten Theil der orenburgischen Topographie dem Publico vor Augen lege, so muß ich gestehen: daß sie wegen ihrer Neuigkeit, und da sie die Erste in ihrer Art ist, besonders aber weil es mir an vollständigen Nachrichten mangelt, nicht allein von der Vollkommenheit, sondern so gar von der gehörigen Genauigkeit annoch weit entfernet ist. Meine Absicht gehet hiebey bloß dahin, um Männern, die in der Erd- und Geschichtkunde erfahrner sind, eine Veranlassung und ein Hülfsmittel zu geben, dies Gouvernement mit der Zeit genauer und vollständiger beschreiben zu können.

Die große Steppe jenseit des Jaiks, wo zwo Kirgiskaisakische und eine Karakalpakische Horde, die sehr zahlreich sind, und anjetzt unter russischer Bothmäßigkeit stehen, ihre Zugläger haben; desgleichen die weitläuftigen Länder der Baschkiren, sind nicht nur voll von Mineralien, sondern

### Vorrede des Verfassers.

auch von alten Denkmälern; die in Absicht aller Theile der Historie verdienen, von geschickten Männern, die eine weitläuftige Kenntniß und viel Erfahrung haben, erforscht und untersuchet zu werden. Unsere russische Geschichte könnte dadurch sehr erweitert werden; besonders, da die jetzt allhier wohnenden Nationen, die keine Gelehrte unter sich gehabt haben, und auch nun nicht haben, von diesen Gegenden, und den darinn befindlichen merkwürdigen Dingen keine genaue und glaubwürdige Nachrichten ertheilen können. Es ist daher nicht wenig zu bedauren, daß die vor einigen Jahren von der St. Petersburgischen Akademie der Wissenschaften abgesandte Herren Professores Müller und Gmelin, wegen der damals eingefallenen Baschkirischen Unruhen, nicht weiter, als bis an das eine Ende dieses Gouvernements nach der Siberischen Seite, und das nur einem kleinen Theil nach, gekommen sind; und daß ihre Absichten wegen der damaligen Umstände durch viele Hinderungen und Gefahren sind vereitelt worden. Dagegen ist das Siberische Gouvernement, und so gar das entlegene Kamtschatka darinn glücklicher gewesen, daß Männer von einer weitläuftigen Gelehrsamkeit dieselben ungestört haben untersuchen und beschreiben können. Uns bleibt also der Wunsch übrig, daß mit der Zeit auch das orenburgische Gouvernement

von

### Vorrede des Verfassers.

von dergleichen Männern untersucht und beschrieben werden möge. Inzwischen kann diese meine erste Beschreibung dazu einigen Stoff hergeben.

Ich habe alle mögliche Mühe angewandt, die nöthigen Nachrichten sowohl aus der hiesigen Gouvernementscanzeley als auch aus andern Archiven zu sammlen; auch habe ich das, was ich während meines vieljährigen Aufenthalts in hiesigen Gegenden selbst gesehen und von andern glaubwürdigen Personen erfahren, aufgezeichnet; und es an die Befehlshaber der Departements, wo die Documente und Nachrichten vorhanden sind, zur Verbesserung und Ergänzung gesandt; inzwischen habe bey alledem doch nicht viel erhalten. Es sind in vielen Gegenden Sachen und Umstände ohne genaue Beschreibung geblieben, die wie oben gemeldet ist, von Männern, welche Geschick haben und Fleiß anwenden wollten, untersucht werden müßten. Das was ich bis nun zu gesammlet und aufgezeichnet, habe ich, wegen verschiedener an mich ergangenen Erinnerungen, denen ich Achtung schuldig bin, nicht länger zurückbehalten wollen.

Da die ehedem allhier gewesene Befehlshaber laut allerhöchsten speciellen Ukasen völlige Macht hatten: an gehörigen Orten neue Vestungen und Reduten anzulegen, Vorposten zu setzen, die nöthigen Veranstaltungen zur Sicherheit und Er-

## Vorrede des Verfassers.

leichterung der Communication zu treffen und alles anzuordnen und einzurichten: was sie zur Beförderung des Nutzens des Reichs und des Publicums für nöthig erachten würden, ohne darüber sich neue Verhaltungsbefehle zu erbitten, sondern alle Anstalten nach eigenen Gutachten zu machen und zu besorgen: so konnten sie dem zufolge einmal erbaute Vestungen und angelegte Reduten nach Befinden der Umstände nach bequemerern Orten hinverlegen, und neue erbauen; ihre Namen sowohl als die Distanzen der Commandeurs verändern, bequemere und nähere Winter- und Sommerwege dahin suchen, und die Besatzungen in den Vestungen nach Gefallen vermehren und vermindern. Hieraus aber entstanden unter den gegenwärtigen und ehemaligen Angaben der Entfernungen der Oerter sowohl, als der Benennungen und anderer Umstände keine geringe Verschiedenheiten. Besonders habe ich in den gesammleten Nachrichten, in Absicht der Entfernung der Oerter sowohl eines von dem andern als auch von Orenburg so viele Verschiedenheit gefunden, daß es mir Mühe gekostet hat, alles auseinander zu setzen: denn es liegen anjetzt einige Oerter von Orenburg beynahe hundert; von der Ober Jaiker-Vestung und von Tschelábinsk aber gegen 200 Werst näher, als die Entfernung in den vorigen nach Umschweifen gemachten

Aus-

Vorrede des Verfassers.

Ausmessungen angegeben ist. Es kann seyn, daß auch künftig bey etwanigen neuen Ausmessungen, und wenn Jemand nach diesem Beyspiel eine andere Beschreibung anfertigen wollte, sich manche Verschiedenheit findet; besonders wenn noch bequemere und nähere Wege als die jetzigen sind, sollten ausgefunden und errichtet werden. Uebrigens habe mich bey Bemerkung der Entlegenheit eines Ortes von dem andern nicht nach den im Druck ausgekommenen Anzeigen gerichtet, sondern bin vielmehr denjenigen Nachrichten und Erkundigungen gefolget, die mir am zuverläßigsten geschienen, und die mit den gegenwärtigen Verfassungen dieses Landes mehr übereinstimmen.

Wenn ich worinn von der Ordnung, welche die Gelehrten sonst bey dergleichen Beschreibungen zu beobachten pflegen, abgegangen bin, und hin und wieder einige von meinen eigenen Anmerkungen angebracht habe; so entschuldige mich wegen des Erstern mit meiner Unvollkommenheit, wegen des Letztern aber mit dem Plan den ich gemacht, und gleich im ersten Theil dieser Beschreibung, die von dem Publico einer günstigen Aufnahme gewürdiget ist, angezeigt habe. Meine Absicht ist gewesen, bey Beschreibung der hiesigen Gegenden, zugleich zu bemerken was eine jede derselben für Vortheile habe, und was ihr mangele, wie auch

## Vorrede des Verfassers.

auch auf was Art dem Mangel abgeholfen werden könne; als welches ich an verschiedenen Stellen, wo es sich geschickt, so viel ich davon gewust und in Erfahrung habe bringen können, eingemischt habe.

Es wäre zu wünschen, daß die Befehlshaber, die allhier den Geschäfften vorstehen, und die ihnen zugeordnete Gehülfen eine vollkommene Kenntniß von alle dem, was innerhalb und außerhalb dieses weitläuftigen Gouvernements zum Nutzen des Reichs nöthig und ersprießlich ist, besitzen; und daß das hiesige asiatische Commercium, nach den bekannten weisen Absichten des Kaisers Peters des Großen ewig glorreichsten Andenkens, sich in dem sämmtlichen mittäglichen Asien bis nach Ostindien ausbreiten und vermehren möge; als wodurch die Beschreibung des orenburgischen Gouvernements von geschickten Männern zur gehörigen Vollkommenheit gebracht werden könnte, welches ich als ein getreuer Sohn des Vaterlandes eifrigst wünsche. Geschrieben in Orenburg, den 22 April 1760.

Topo-

# Topographie des orenburgischen Gouvernements.
## Zweyter Theil.

### Erstes Kapitel.
Von der Stadt Orenburg und den unmittelbar zu dieser Stadt gehörigen, die orenburgische Provinz ausmachenden Oertern.

In der Beschreibung der orenburgischen Historie bis an die Zeit, da die orenburgische Expedition, vermöge specieller Ukas vom 15ten Merz 1744, in ein Gouvernement verwandelt ward, (als welche Beschreibung den monatlichen Abhandlungen vom Jahr 1759 beygefüget ist,) ist bereits gemeldet worden: daß zufolge selbiger allerhöchsten Ukas befohlen ist, es solle auch die Kirgiskaisakische Nation unter Jurisdiction des orenburgischen Gouverneurs

neurs stehen, so wie sie vordem unter der orenburgischen Commißion gestanden. Folglich gehöret die sämmtliche jenseits des Jaiks belegene Steppe, allwo beyde unter rußischer Bothmäßigkeit stehende kirgiskaisakische Horden, die im ersten Theil dieser Topographie beschrieben sind, schon vor ihrer Unterwerfung gewohnt haben, zum orenburgischen Gebieth. Betrachtet man den Bezirk, den diese beyde Horden gegen Rußland zu, das ist nach den Linienvestungen und Vorposten einnehmen; so fangen sich ihre Sommer- und Winter-Zugläger in dieser Steppe an: von dem caspischen Meer, oder von Gurjew Gorodok; allwo gegenwärtig eine unter Orenburg stehende Besatzung eingelegt ist; wie denn auch die dasige Canzeley in allen Geschäfften die Befehle und Verfügungen unmittelbar von der orenburgischen Gouvernements-Canzeley bekömmt,) und erstrecken sich bis zum Ursprung des Jaiks. Hierauf gehen sie nach dem Ui und Tobol-Fluß bis Swerinogolowskaja Krepost, welches nach der Landcharte einen Bezirk von 1600 Werst ausmacht, nach der Lage der Gegenden aber zu rechnen, möchte es wohl ungleich mehr betragen. Weiter herauf längst dem Fluß Ischim, welche Gegend schon zum siberischen Gebieth gehöret; von hier nach dem Irtysch; und diesen hinauf bis Jampyschenskaja Krepost, allwo mit den Kirgisen von der mittlern Horde Handel getrieben wird, als welche ganze Strecke, ausser der obigen Zahl, 1000 Werst ausmacht. An diese Horden gränzen von jener Seite verschiedene Nationen, nämlich: von der Seite des caspischen Meers die Truchmenen, (Turkomannen,) Chiwaner, Araler, Nieder-Karakalpaken, Kirgisen der großen Horde, wie auch das Turkestanische, und Taschkentische Gebieth, als welche sämmtlich schon im ersten Theil beschrieben sind. Das hinter diesen Nationen belegene Land der ehemaligen Sjungoren, welches

## Gouvernements.

ches ich gleichfalls im ersten Theil beschrieben, ist von den Chinesern und Mungalen gänzlich verheeret und verwüstet. Der Umfang dieses ganzen Striches beträgt also nach der generellen Landcharte des orenburgischen Gouvernements weit über 4000 Werst.

In dem Bezirk, den diese herumstreifende Nation einnimmt, gehören nachfolgende Plätze zur orenburgischen Provinz, oder zum eigentlichen und unmittelbaren orenburgischen Gebieth, nämlich: Gurjew Gorodok ohnweit der Mündung des Flusses Jaik, wo er in das caspische Meer fällt; ferner, Ilezkaja Krepost, allwo anjetzt das berühmte Ileker Salz gebrochen wird; hiernächst die an dem Fluß Sakmara belegenen zwo Sloboden, nämlich: Berdskaja-Kasatschja und Saitowa-torgowaja; ferner, an eben dem Fluß oberwärts Sakmarskoy kasatschei Gorodok: hiernächst auf dem Wege nach der isettischen Provinz Selairskaja Krepost; und endlich an der großen moscavischen Straße Bugulminskaja semskaja Slobodda, nebst deren Gebieth.

Wegen der Stadt Orenburg ist schon in dem ersten Theil dieser Topographie angeführt: daß auf eine specielle Ukas der in Gott ruhenden Kaiserinn, Anna Joannowna, glorreichsten Andenkens vom 1sten May 1734 auf den Vorschlag des Abulchair Chans anfangs befohlen worden; sie an der Mündung des Flusses Or, der von der Steppenseite in den Jaik fällt, zu erbauen; allwo von dem Staatsrath Kirilow den 15ten August 1735 damit auch der Anfang gemacht ward. Nachhero ward auf die Unterlegung des ehemaligen Chefs der orenburgischen Commißion und geheimen Raths Tatischtschews, mittelst einer von hochgedachter Ihro Kaiserlichen Majestät allerhöchst eigenhändig unterschriebenen Ukas vom 30. August 1739 verfüget, daß diese Stadt in der Gegend von Krasnaja Gorjá erbauet

werden

werden solle, weil man die Gegend am Or für unbequem hielt, worauf man denn auch diese Stadt den 1sten August 1744 allhier zu bauen anfieng. Allein wie der wirklich Geheimerath und Ritter, Iwan Iwanowitsch Neplujew, im Jahr 1742 bey gedachter Commißion als Chef ankam, fand er, daß auch diese Lage zur Anlegung einer großen Stadt nicht bequem sey. Es ward dahero die Stadt Orenburg auf den Vorschlag und Unterlegung des gedachten Herrn Geheimenraths, zufolge Ihro Kaiserlichen Majestät speciellen Ukas, nach dem eingesandten und approbirten Plan, auf dem Platz, wo sie anjetzt stehet, erbauet; die beyden andern Oerter aber, wo man den Bau angefangen, blieben nach unter dem Namen, und zwar der Erste von Orskaja Krepost von Orenburg den Jaik hinauf zu Lande 252½; und der Zweyte Krasnogorskaja Krepost, gleichfalls diesen Fluß hinauf von gedachter Stadt 70 Werst: davon in der Beschreibung der orenburgischen Historie umständlich gedacht ist, dahero man solches allhier zu wiederholen für unnöthig erachtet.

Man muß allerdings gestehen, daß dieser letzte Ort nicht nur unten beyden vorerwähnten, sondern auch unter allen übrigen Gegenden längst dem Flusse Jaik der beste; anbey wegen der Nähe an alten rußischen Wohnplätzen, und weil man folglich allerley Bedürfnisse, wie auch von dem Fluß Sakmara, an dessen obern Ufern so wohl, als an den in ihn fallenden Strömen viel Wald ist, allerley Holzwaaren leicht bekommen kann, der allerbequemste ist. Es soll allhier, der Sage nach, in alten Zeiten ein nagaischer Chan, Namens Bosman seinen Sitz, so Aktjuba geheißen, gehabt haben: wie solches in vorgedachter ersten Beschreibung, in der Anmerkung unter dem 145. §., angezeiget ist. Nach den astronomischen Beobachtungen liegt die Stadt Orenburg unter dem 51 Grad 51 Min. nördlicher Breite, in einer

Entfer-

Entfernung von St. Petersburg über Moscau, Wolodimer, Murom, Nischnei, und Kasan auf die Kirschnirische Feldschanze zu, von 1990 Werst; auf demselben Wege von Moscau 1256; von Kasan 522; von Astrachan über Gurjew 1200, und von Tobolsk über Tschilábinskaja Krepost 1228 Werst. Die zum orenburgischen Gebieth gehörigen Hauptplätze sind von dieser Stadt in folgender Entfernung abgelegen, nämlich Stawropol 505, Samara 421½; Jaizkoi kasatschei Gorod 269; Ufa 333; Tschilábinsk, (wo ein besonderes Departement, zur Verwaltung der isettischen Provinz verordnet ist,) auf der neuen Poststraße über Selairskaja Krepost 572; Troizkaja Krepost, (wo zum Handel mit den Kirgiskaisaken der mittlern Horde, und den asiatischen Kaufleuten ein Jahrmarkt, auf dem Fuß des orenburgischen Jahrmarkts errichtet ist,) auf der Poststraße über Tschilábinsk 682; und gerade von Werchojaizkaja über die Linien 543 Werst. Es ist noch ein anderer Weg von Moscau nach Orenburg, den die Kaufleute mit ihren Fuhren größtentheils fahren, nämlich: von gedachter Stadt auf Wolodimer und Murom; von hier aber, nachdem Nischnei zur linken gelassen, über Arsamas, Samara, und über die längst dem Fluß Samara angelegten Vestungen: als welcher Weg von Moscau bis Orenburg 1215 Werst beträgt. Was die fremden asiatischen Länder anlanget, so könnte man, wenn die Wege vor den räuberischen Steppenvölkern sicher wären, glaubwürdigen Nachrichten zufolge, nach Chiwa in 20, und in die Buchareẏ in 30 langsamen Caravanen Tagereisen ankommen: wie man denn auch so gar die Reise nach Ostindien, (wie die, so von hier dahin gereist sind, versichern,) mit beladenen Pferden und Kameelen in drey Monat zurück legen kann.

A 3          Die

Die Vestungswerke der Stadt Orenburg liegen auf einer Ebene, sind aber der Situation des Orts nach irregulär, und Oval von eilf Polngonen. Es sind hier zehn ganze und zwo halbe Bastionen, welche von der Cathedralkirche, Preobrashenje Gospodne genannt, anzufangen, folgende Namen haben; als: Uspenskoy, Preobrashenskoy, Neplujewskoy, Nikolskoy, (von der Kirche Nikolai des Wunderthäters, die nahe dabey liegt,) Stockmanskoy, Galafejewskoy, Gubernskoy, Petropawlowskoy, Proviantskoy, Berdskoy, (von dem Ort, wo ehedem Berdskaja Krepost gestanden,) Torgowoy, und Wostresenskoy. Hiernächst ist auf dem Berge, der nach der Seite des Jaiks liegt, zwischen den halben Bastionen Wostresenskoy und Uspenskoy in einer Länge von 275 Faden, in einer geraden Linie eine Brustwehr mit einer Redute in der Mitte, zur Beschützung der Stadt und der Vestungswerke von der Wasserseite, angelegt; wobey man die Absicht hat, den Berg, worauf diese Brustwehr liegt, der steil und ein natürlicher Felsen ist, mit der Zeit zu planiren. Die Höhe der Wälle ist, an ebenen Stellen 12 Fuß; an niedrigen Stellen mehr, und an hohen weniger als 12 Fuß; die Breite derselben ist 6 Faden; die Graben sind 12 Fuß tief und 35 Fuß breit. Die äussere Schräge (Abbachung) der Wälle hat eine Futter-Mauer, rund herum, von behauenen Steinen; die Breite der Stadt selbst ist an den breitesten Stellen 570, und die Länge gegen 677 Faden; der Umfang der Fortifications-Werke aber, wenn man um die Wälle gehet, beträgt 5 Werst 192 Faden; und von der äussern Seite 4 Werst 289 Faden, ohne Inbegrif der Rosasten-Vorstadt, die vor den zweyen Polngonen, nämlich dem Preobraschenskischen und Neplujewschen erbauet ist; und um welche man, von dem Neplujewschen Bastion an, in der Länge von 388 Faden ein Retranchement

## Gouvernements.

ment mit dreyen Bastionen und einer Redute nach der Wasserseite anzulegen beschlossen hat; wie solches aus dem Plan deutlicher zu ersehen ist. Zur Aus= und Einfahrt sind vier Thore, und heißen: 1) Sakmarskije Worota, (das Sakmarische Thor,) nach der Seite des Flusses Sakmara von der Gouvernements=Canzeley gerade nach der großen Gouvernementsstraße. 2) Orskije, durch welches man nach Orskaja Krepost fährt. 3) Jaizkije, nach der Seite des Flusses Jaik. 4) Samarskaja, wo der Winterweg nach der Samarischen Distanz und der Stadt Samara gehet. Zu diesen Thoren könnte man noch rechnen die Durchfahrt vom Flusse Jaik nach dem Berge, wo man beschlossen, durch den Wall das fünfte Thor, unter dem Namen des Wasserthors anzulegen. An Häusern, darinn Leute von allerley Stande, besonders Militair= und Staats=Bediente wohnen, befinden sich in und ausserhalb der Stadt, laut dem Verzeichnisse von dem 1760. Jahr, (ausser den jenseit der Stadt befindlichen Erdhütten,) 2688. Die Hauptstraßen in der Stadt heißen: Gubernskaja, Orskaja, Jaizkaja, Pensenskaja, Samarskaja, Gostinaja, Peteropawlowskaja, Troizkaja, Woskresenskaja, Posadskaja, Sadowaja, Nischnaja, Komiskaja, Preobraschenskaja, Uspenskaja, Artilleriiskaja, Ufinskaja und Nikolskaja.

An Kirchen sind in der Stadt mit Inbegrif der, in der Kosaken=Slobode, und jenseit des Jaiks auf dem Kaufhofe belegenen, in allen neun; darunter die zwey Hauptkirchen mit Namen Preobraschenie Gospodnä und die zweyte Wwedenije Preswätija Bogorodizi; desgleichen die Pfarrkirche in der Hauptgasse, wenn man in die Stadt einfährt, Petri Pauli genannt, von Stein mit Gewölbern erbauet, und wegen ihrer Größe und vortrefflichen Architectur angemerkt zu werden verdienen. Besonders ist die Erste, als die vornehmste Kirche mit

**8** Beschreibung des orenburgischen

mit vortrefflichen Bildnissen der Heiligen und einem reichen Kirchenschmuck ausgezieret; das Dach ist ganz mit weißem Blech beschlagen, und die Kuppeln so wohl auf der Kirche selbst, als auf dem Glockenthurm, verguldet.

Unter den publiquen steinernen Gebäuden ist zuerst zu merken: die Gouvernements-Canzeley von zwo Etagen, darunter die Unterste wegen des Archivs und der Cassa gewölbt ist. Von diesem Gebäude kann man sagen, daß es in allen übrigen Gouvernements kaum seines Gleichen hat, das daran stoßende Haus des Gouverneurs hat gegenwärtig nur zween Flügel, (inzwischen sind darinn gegen 20 Zimmer,) von dem eigentlichen Haus ist bloß das Fundament fertig. Wenn alles nach dem Plan und der Façade zu Stande gebracht werden kann; so möchte es an Schönheit und Pracht den besten Häusern in den kaiserlichen Residenzen nichts nachgeben. Das Zeughaus und Arsenal sind vortreffliche Gebäude; ferner, das Policey- und fortschemnoi Contoir, darunter wegen des Brandweins, der nach Orenburg geführt wird, große gewölbte Einfahrten gemacht sind; das Posthaus, und das Amanatnoi Dwor, wo, für die ankommende Staab- und Ober-Officiers schöne Zimmer gemacht sind. Die Hauptwacht liegt mitten in der Stadt mit verschiedenen Zimmern, und einem Thurm, darinn eine Schlaguhr und nicht große Glocken hängen; oben aber ist das Reichs-Wapen. Der Marktplatz ist sehr geräumig, in der Mitte ist ein Brunnen. Endlich ist hier eine Garnison- und Regiments-Canzeley, eine Apotheque und ein Hospital mit den dazu gehörigen steinernen Kasernen, (wobey ein Doctor, ein Apotheker, ein Feldscheer, nebst einigen Unter-Feldscheern und Lehrlingen sind,) und Proviants- und Salz-Magazine, für welche besondere Contoirs, die von der Gouvernements-Canzeley abhängen, verordnet sind.

Für

## Gouvernements.

Für die Kaufmannschaft ist in der Stadt ein steinernes Gostinoi Dwor *) im Viereck erbauet, dessen Länge nach der großen Gouvernementsgasse 104 Faden und die Breite 94 Faden beträgt. Die Buden sind alle inwendig, haben Gewölber und ein Abdach, so, daß die Käufer bey regnichtem Wetter allda trocken stehen können. Die Anzahl aller Buden und Packhäuser beläuft sich auf 150; zum Ein- und Ausfahren sind in der Mitte an beyden Seiten Thore: neben dem einen, nach der großen Gouvernementsgasse stehet eine Kirche, die schön ausgezieret ist, zur Verkündigung der Mutter Gottes; und neben dem andern ein Glockenthurm mit einer Kuppel. In der Mitte dieses Gostinoi Dwors ist ein Zollhaus von Stein aufgebauet; das 4 Zimmer, und darunter ein geräumiges Behältniß hat, wo die Waaren gewogen werden. Dieß ganze Gebäude ist mit Blech gedeckt und mit Theer ausgeschmiert. Bey diesem Gostinoi Dwor ist auch ein Markt, wohin alle Tage Leute vom Lande kommen, und daselbst Getraide und allerley Provisionswaaren feil haben. Gegen den Herbst, wenn auf dem Menowoi Dwor, (wo die Waaren gegen einander vertauscht werden,) kein Handel ist, kommen die Kirgisen, bisweilen auch asiatische Kaufleute des Handels wegen hieher.

Menowoi Dwor, wo mit asiatischen Nationen den ganzen Sommer hindurch bis spät in den Herbst Handel getrieben wird, und Waaren getauscht werden, ist nach der Steppenseite des Flusses Jaik 2 Werst von dessen Ufern, nach der Stadt zu, angelegt. Näher an diesen Fluß konnte man es nicht anlegen, weil die Gegend niedrig liegt, und der Ueberschwemmung ausgesetzt ist. Zum Aus- und Einfahren sind allhier zwo gewölbte Pforten gemacht;

*) Der Platz, wo die Kaufmannsbuden in einer Reihe stehen.

gemacht; neben der Einen, die nach dem Jaik, und nach der Stadt zu liegt, ist für den Zoll-Director ein schönes und großes Haus aufgebauet; bey dem andern Thor aber, nach der Steppe, wo die asiatischen Kaufleute aus- und einfahren, ist das Gränz-Zollhaus. Um diesen ganzen Hof sind inwendig in allem 246 Buden, und 140 Speicher, alle gewölbt. Innerhalb dieses Menowoi Dwors ist ein besonderer Hof für asiatische Kaufleute, welcher der asiatische Hof genannt wird. Dieser hat gleichfalls zwey Thore, neben dem Einen, das nach dem Zollhaus zu liegt, ist eine Kirche von der vortrefflichsten Architectur mit Namen Zacharias und Elisabeth. Auf diesem Hofe sind 98 Buden, und in jeder Ecke zween, in allem aber 8 Speicher. Es sind also in allem der Speicher 148, und der Buden 344: Für diese Buden werden jährlich an die Krone 4854 Rubel bezahlt. Das Menowoi Dwor ist ganz mit eisern Blech gedeckt. An den Ecken nach der Steppe sind zwo Batterien angelegt, und mit Canonen bepflanzt. Man wird in Absicht des weiten Umfangs und der Schönheit dieses Gebäudes im Innern des Reichs für die Kaufmannschaft schwerlich ein dergleichen Gebäude antreffen. Es sind bis jetzt nicht mehr als 29 Personen, die unter Kopfsteuer stehen, und zur orenburgischen Kaufmannschaft angeschrieben sind; inzwischen ist auch den orenburgischen Kosaken, darunter viele bemittelte Leute sind, zu handeln erlaubet, wie sie denn auch starken Handel treiben.

Ich kann nicht umhin, an diesem Ort, wegen der Stadt Orenburg die Anmerkung zu machen: daß sich für eine Stadt, die schon jetzt so volkreich ist, und von Jahr zu Jahr an Einwohnern zunimmt, ein Mangel an Holz, sowohl zum Bau, als zum Brennen äussert. Man bezahlt gegenwärtig für einen Faden dreybrannbigt Brennholz 70 bis 90 Kopeken; zu Zeiten muß man über einen Rubel bezahlen. Wenn man allein in Orenburg auf 3000 Häuser auf jedes Haus zum wenigsten 20 Faden rechnet, so werden jährlich 60000 Faden verbrannt; ohne zu gedenken, wie viel Holz alle Jahr zum Brennen der Ziegel, des Kalks, und der Kohlen, wie auch an Bauholz verbraucht wird. Deswegen wäre es, meiner Meynung nach, unumgänglich nöthig, daß man in Orenburg den Bau von Holz baldigst ganz verböthe, oder zum wenigsten die Verfügung mache, daß ein jeder Einwohner, der von Holz bauen will, die Größe seines Hauses nach Verhältniß seines Standes einrichte; indem anjetzt viele von niedrigen und gemeinen Stande große Häuser bauen, ohne daran zu denken, daß mit der Zeit ein Mangel an Holz entstehen könne. Es sind bey der Stadt Steinbrüche, wo ein sehr guter und weicher Stein, der aber in der Luft hart wird, gebrochen werden kann, und der zum Bau der Häuser gebraucht werden kann. Anstatt des Kalks, könnte man sich, nach Beschaffenheit des hiesigen Clima, und besonders im Nothfall, des Leims bedienen, der sehr weiß, und besonders bey orsſkaja Krepost gut und bindend ist, und den man den Jaik herunter bequem bekommen kann; besonders wenn man die Häuser von auſſen und innen mit etwas wenigen Kalk bestreicht. Hiedurch könnten die Wälder auf alle Zeiten geschont, und den Einwohnern der Stadt für die künftige Zeit ein großer Nutzen gestiftet werden; besonders, wenn man bey dem Fällen des Holzes zu den nothwendigsten Bedürfnissen, und zum Bau der Häuser eine gehörige Ordnung beobachten, und die bey der Quelle der Sakmara und bey den in sie fallenden Flüssen, befindlichen Verdämmungen zum bequemern Abflößen des Holzes wegschaffen und reinigen wollte. Ueberdem könnte man auch den Wald vermehren durch Pflanzung der Bäume an niedrigen und wäßrichten Stellen, besonders solcher, von denen man frische Stöcker ohne Wurzel in die Erde steckt, und die von selbst Wurzel faſſen und fortkom-

fortkommen, als: Espen, Pappeln, u. d. gl. Da die Schonung der Wälder eine so nothwendige Sache ist, davon der Nutzen einer ganzen volkreichen Stadt abhängt, so müßte man dabey weder Mühe noch Kosten sparen, sondern je eher je lieber Hand anlegen, und sich es mit Ernst angelegen seyn lassen.

Die Stadt Gurjev, liegt den Fluß Jaik herunter zur Rechten, 10 Werst von der Mündung dieses Flusses, wo er in verschiedenen Armen, in das caspische Meer fällt, von Orenburg nach der neuesten Ausrechnung 744, von Jaizkoi Gorodok 474; und von Astrachan gegen 400 Werst. Nach den Erzählungen der Jaikischen Aeltesten, und der allhier wohnenden alten Leute, ist diese Stadt des Fischfanges wegen, von dem Großreußischen Kaufmann Michaila Gurjew, schon zu der Zeit erbauet, da in der, nicht weit von dieser Stelle gestandenen tatarischen Stadt Sarantschik, Fürsten von dieser Nation ihren Sitz gehabt haben. Diesen hat gedachter Kaufmann anfangs einen Tribut bezahlen müssen; nachdem er aber die von ihm angelegte Stadt, durch eine rund herum gezogene Mauer gehörig befestiget, und gesehen, daß die Tatarn ihm keinen Schaden thun konnten; hat er sich dieser Bezahlung entzogen, und sich so verstärket, daß er sein Gewerbe ungehindert getrieben. Es kann seyn, daß dieß (wie unten weiter ausgeführet werden wird) um die Zeit geschehen ist, da die Tataren sich durch innerliche Unruhen, selbst unter einander aufgerieben haben, und endlich ganz zerstreuet worden sind. Inzwischen ist es lange vor derjenigen Zeit gewesen, da die Jaiker Kosaken von dem Don und andern Gegenden, sich am Fluß Jaik niederzulassen angefangen, (wovon unten ein mehreres vorkommen wird) wie solches auch der Jaikische Woiskowoy Ataman (Hauptmann) Borodia, wie er im Jahr 1759 nebst seinen Aeltesten in Orenburg war, versicherte.

Zur

## Gouvernements. 13

Zur Ausführung der steinernen Stadtmauer, brachte vorbemeldeter Gurjev, die Arbeitsleute aus Astrachan und andern Gegenden. Es wird erzählt: als hätten die Bauleute, wie sie die Mauer zu ziehen angefangen, auf der ganzen Seite, wo sie sich vor den Tataren gefürchtet, Segeltücher aufgezogen, um das Ansehen zu geben, als stünden da Fahrzeuge oder Fischerböthe, welches die Tataren auch gemeynt, und den Bau an der Mauer nicht gemerkt hätten. Anfangs waren hier 4 Thore; das eine hieß Spaskije, oberhalb desselben stand eine steinerne Kirche, zum wunderthätigen Schweietuch, nebst zwo Kapellen mit den Namen der Erzbischöffe von Alexandria, Athanasius und Cyrillus, und Alexius des Mannes Gottes: das Zweyte Thor lag nach Norden, das dritte nach Westen, und das vierte nach Süden, an dessen Seiten Thürme standen. Ausser dem waren noch verschiedene andere Thürme an den Ecken. Gegenwärtig bestehen die Vestungswerke aus leichten Mauren, ohne Thürme mit Streichlinien: als welche nach der Zeit, da diese Stadt zum orenburgischen Gebieth gezogen ward, von alten Ziegeln aufgeführet, und mit einer hinlänglichen Anzahl Geschützes versehen sind. Es steht anjetzt allhier eine hölzerne Kirche des Wunderthäter Nicolaus. In der Stadt ist nur eine große Gasse, wo Officiers und andere Personen ihre Häuser haben; die übrigen nach dem Plan abgestochene Gassen, sind noch nicht angebauet. Uebrigens ist, laut den vorhandenen Nachrichten, diese Stadt ehedem in den Canzeleyen Jaik Jurjew Gorodok, und die dasige Canzeley Jaizkaja Gurjewskaja Kommendantskaja Kanzelärija genannt worden.

In dem Aufsatz des Kapitäns Saleskoy, als welcher diese Stadt den 1sten Januar 1753 wie sie zum orenburgischen Gebieth abgegeben ward, von dem Kapitän von der astrachanschen Garnison Plemännikow empfieng,

empfieng, sind die Vestungswerke dieser Stadt also beschrieben: Gurjev eine sehr alte Stadt, hat drey Ringmauern, acht Thürme und Bollwerke, die bis auf die Hälfte umgefallen gewesen, und von Ziegeln wieder aufgeführet sind; der vierte Theil des Walles, dem Commenbantenhause gegen über, ist umgefallen. Diese Stadt hat nur ein Thor Spasckije genannt, und eine kleine Pforte. Sie ist vom spaskischen Thor bis twerskaja Baschnä 132 Faden lang, und von der mittlern Ringmauer bis Makarjewskaja Baschnä an gerechnet, 128 Faden breit. In geistlichen und Kirchen-Sachen, steht sie nach wie vor unter dem Bischof von Astrachan.

Wie diese Stadt noch zum astrachanschen Gebieth gehörte, und ehe sie zum orenburgischen Gouvernement gezogen ward, waren allhier Kronfischereyen, und damit die Fische nicht den Fluß hinauf steigen könnten, bey der Stadt Gurjev queer über den Jaik Wehren angelegt; als welche im Frühling, wenn die Osetrinen, Belugen und Sewrugen den Fluß hinauf steigen, auf beyden Seiten zehn Faden weit geöffnet wurden. Da aber daraus zwischen den Jaiker Kosaken und den astrachanschen Fischern, viele Händel und Zwistigkeiten entstanden: so erboten sich Erstre, eine jährliche Auflage so viel die der Krone, durch die Gurjewschen Fischwehren, erwachsenden Einnahmen betrügen, zu tragen, und baten: daß sothane Wehren gehoben, und das Steigen der Fische in den Jaik, nicht gehindert werden mögte. Hierinn ward ihnen, auf die von vorgebachtem Herrn wirklich Geheimen Rath, an den dirigirenden Senat geschehene Unterlegung gefüget, und mit ihnen darüber bey dem Reichs Cammer-Collegio der Contract geschlossen, laut welchem sie nun für die weggenommenen Wehren, an die orenburgische Gouvernement Canzeley, den Betrag der ehemaligen Kroneinnah-

einnahmen, jährlich mit 4692 Rubel 69 Kopeken, beß=
gleichen an Krug=Steuern und Zöllen, 714 Rubel 9 Kopeken, in allem 5446 Rubel 78 Kopeken bezahlen, da=
gegen die Kronfischerey in Gurjev gänzlich aufgehoben
ist, und die jaiker Kosaken, nunmehro einen großen
Vortheil davon ziehen.

Ilezkaja Krepostza liegt an dem Orte, wo das
berühmte Ilekersalz gebrochen wird, jenseit des Jaiks,
gerade nach der Kirgiskaisakischen Steppe, 62 Werst
von Orenburg. Die Kirgisen kommen diesem Ort
oft sehr nahe, und haben rund herum ihre Zugläger.
Es haben schon seit langer Zeit anfangs die Bashkiren,
und nachhero die Einwohner der Vestungen, von hier
das Salz geholt; allein die Verfügung wegen Erbauung
dieser Krepostza, erfolgte auf Es. dirigirenden Senats
Ukas, erst den 26 October 1753; und ward zugleich be=
fohlen; es sollten in Orenburg, und in den zum Gebieth
dieser Stadt gehörigen neuen Vestungen und übrigen
Pflanzörtern, Kron=Salzmagazine angelegt werden;
daß Ileker und Ebeleische Salz aber sollte man, nach
dem dermahligen Preiß zu 35 Kopeken für jedes Pud verkaufen; Zu welchem Ende auch damahls in der Stadt
Orenburg, eine Salzverwaltung verordnet ward. Zu
derselben Zeit meldete sich ein Sotnik, der orenburgischen Kosaken, Namens Alexei Uglizkoi, und machte sich auf 4 Jahr anheischig, dieß Salz auf eigene Kosten zuzubereiten, und davon alle Jahr 50000 Pud, oder
wenn es verlangt würde, noch mehr in das orenburgische Magazin zu liefern, wofür er für jedes Pud 6 Kopeken verlangte. Ueberdem wolle er in dem folgenden
1754sten Jahr, allda auf eigene Kosten, eine kleine Vestung mit Batterien, so wie es von dem Ingenieur Commando würde angewiesen werden, anlegen; darinn einige Häuser, nebst Kasernen für die Garnison, und ein
Proviantmagazin erbauen; für alle allda befindliche
Wohnun-

Wohnungen im Herbst und Winter, Holz und Proviant liefern, die Mannschaft möge noch so stark seyn, und daselbe mit eigenen Fuhren von Orenburg dahin führen. Dieß alles hat gedachter Uglizkoi erfüllet: und ward in diesen Ort eine vollzählige Compagnie, vom Alexejewschen Infanterie Regiment zur Besatzung eingelegt; ausser diesen aber werden bisweilen noch mehrere Mannschaften anhero commandirt; für welche sowohl als für die beym Zubereiten des Salzes arbeitende Leute, deren es gegen 200 Mann und mehr giebt, eine Kirche erbauet, und ein Priester nebst Kirchen-Bediente verordnet sind.

Anlangend die Beschaffenheit des ileker Salzes, so ist davon schon im ersten Theil im fünften Kapitel, bey Beschreibung der Mineralien Erwähnung geschehen. Ausserdem habe ich mir noch verschiedene Umstände, die dieses Salz betreffen, erzählen lassen; besonders von dem Turluk oder Salzbrühe, davon in der Nähe von Jlezkaja Krepost, Seen von ziemlicher Größe ganz voll sind; wohin die Kirgisen Männer und Weiber, von weiten Oertern hinkommen, und sich ihrer Gesundheit wegen in diese Seen baden. Ob diese Salzbrühe gleich vollkommen klar und durchsichtig ist, auch diese Salzseen ziemlich tief sind, so soll man doch, wenn man sich hinein legt, nicht versaufen, sondern auf der Oberfläche schwimmen. Dieser Turluk ist der Erzählung nach, oben so kalt, daß man es kaum aushalten kann; je tiefer man kömmt je wärmer; und gegen den Boden heiß; allein, dieß alles erfordert eine hinlängliche Untersuchung und zuverläßige Nachrichten.

Berdskaja Kasarshja Sloboda lag vormals am Jaik, in der Gegend wo anjetzt Berdskoi Bastion angelegt ist: wie man aber die Stadt Orenburg im Jahre 1743 allhier zu erbauen anfieng, ward diese Slobode, nach dem Fluß Sakmara 7 Werst von Orenburg verlegt. Rund herum ist eine Mauer, und bey den Ausfahrten

Schlag-

## Gouvernements.

Schlagbäume gemacht; an den Seiten aber stehen Batterien, und auf denselben so wie bey den Thoren, sind Canonen gepflanzt. In dieser Slobode sind gegen 200 Häuser; die Anzahl der hier laut Privilegien wohnenden Kosaken, beläuft sich auf 100 Mann, die ihren Ataman, (Hauptmann) und ihre eigene Aeltesten haben. Sie hat eine Kirche zur Geburt der Mutter Gottes, mit einer Capelle des Archimandriten Michael.

Bargalinskaja, sonst auch Seitowskaja Sloboba, wo die orenburgischen Tataren, die Handel treiben, wohnen; liegt oberhalb des Flusses Sakmara, von Berdskaja Sloboba 20, und von Orenburg 18 Werst. Es meldete sich bey der orenburgischen Gouvernements Canzeley, zu allererst ein kasanischer Tatar Namens Seit-Chajalin, der sich hier mit seinen Kindern niederlassen wollte, und versprach, noch mehrere wohlhabende Tataren, aus dem kasanschen Gouvernement zu bereden, daß sie sich allhier niederlassen mögten; wobey er einige Bedingungen, nach Maaßgabe des der Stadt Orenburg verliehenen Privilegii vorschlug, worunter auch dieser Punkt war: daß die so sich an diesem Ort niederlassen wollten, von Lieferung der Recruten befreyet, und ihnen an deren Stelle auferlegt würde, im Fall der Noth um Orenburg, mit den übrigen irregulairen Truppen, Dienste zu thun. Dieß ward dem dirigirenden Senat unterlegt; worauf von demselben dem gedachten Seit, im Jahr 1755 den 8 August, eine von allen Gliedern des Senats unterschriebene Ukas, des Inhalts ertheilt ward: es sollte ihm erlaubt seyn, sich mit seinen Kindern allhier niederzulassen; und von den kasanschen Tataren 200 Familien, die wohlhabend, und einen Handel zu treiben im Stande wären, mit anhero zu ziehen. Zu jeder Familie seyn zu rechnen, der Vater mit seinen Kindern und Enkeln, nebst den Brüdern die noch nicht abgetheilt wären. Anlangend die Annahme der Arbeitsleute, die nicht zu den Familien gehörten, so solle die orenburgische Gouvernements Canzeley, darinn die nöthigen Verfügungen machen. Ueberdem sollten sie alle von der Recruten-Lieferung befreyet, und ihnen erlaubt seyn, für sich nach ihrer Art eine Mosquee zu bauen. Zu ihrem Anbau solle ihnen Land, nebst dazu gehörigen Appertinenzen angewiesen werden, und ihnen überdem erlaubt seyn; zu ihren Chutoren und zur Pflanzung der Baumwolle, von den Baschkiren Ländereyen zu miethen und zu kaufen, wie solches alles in der dem Seit gegebenen Ukas, ausführlich beschrieben ist. Die Zahl der gegenwärtigen Einwohner, beläuft sich an männlichem Geschlecht auf 1158 Personen, darunter 998 die Kopfsteuer an die orenburgische Gouvernements Canzeley bezahlen; für 160 Personen aber, werden diese Kopfsteuergelder bis zur künftigen Revision nach den Orten, woher sie gebürtig, gesandt. Es sind in dieser Slobode gegen 300 Häuser, längst dem Fluß Sakmara und an dem kleinen Strom Kargal, der in die Sakmara fällt, aufgebauet; sie machen kein schlechtes Ansehen; in der Mitte der Slobode stehet eine Mosquee, auf einem steinernen Fundament, die an Größe und Schönheit, wie erzählt wird, in dem ganzen kasanschen Gouvernement, kaum ihres Gleichen hat.

Sakmarskoi Kosatschei Gorodok, liegt von Orenburg an der großen moscauischen Straße, 79 Werst am Fluß Sakmara, von oben beschriebener Seitowischen Slobode 7 bis 8 Werst, in einer anmuthigen Gegend, und auf einem von der Natur befestigten Vorgebirge; welches von zwoen Seiten unzugänglich ist, und keiner Befestigung bedarf, die übrigen Seiten aber wo es nöthig ist, sind befestiget, und mit Artillerie versehen. Sieben Werst von diesem Städtgen, jenseit des Flusses Sakmara, auf dem Wege nach Orenburg, ist ein ziemlich hoher Berg der in einer Strecke liegt,

und

und Grebeni genennet wird. Dieser Berg besteht aus Kalkstein, und wird allhier seit Erbauung der Stadt Orenburg, bis nun zu Kalk gebrannt; auch werden allhier zu allerley architectur-Zierathen vortreffliche Steine, so groß man sie haben will, gebrochen.

Das beste und vortheilhafteste Gewerbe der orenburgischen Einwohner, in der Stadt und in den nahe herum liegenden Gegenden, ist der Handel mit asiatischen Kaufleuten, wie solches im ersten Theil ausführlich gezeiget ist. Soll dieser Handel extendirt, und sollen verschiedene Fabriken und Werke, wovon die Krone sowohl, als Privatpersonen Nutzen haben können, angeleget werden, so ist nichts so nothwendig, als daß sich in Orenburg Kaufleute aufhalten, die Capitalien besitzen, und den auswärtigen Handel verstehen. Hierzu sind, nach der hiesigen Lage, und nach der Beschaffenheit, der an dem orenburgischen Gebieth angränzenden asiatischen Provinzen, die in Astrachan wohnenden, aus Persien kommenden Armenier, da sie des asiatischen Handels kundig sind, und die dasigen Sprachen verstehen, wie auch sonst vieler Ursachen wegen, sehr geschickt: um desto mehr, da ihrer sehr viele, wie man sagt, in der Bucharey (wohin Kaufleute aus allen asiatischen Plätzen, und so gar aus Indien kommen) ihre Häuser haben. Gedachte Armenier sind zur Ausbreitung des hiesigen Commercii weit geschickter als die russischen Kaufleute; weil letztere nach den dasigen Gegenden keine Correspondenz haben, und sich weiter um nichts bekümmern, als daß sie nach Orenburg handeln, wohin sie jedoch selbst niemals reisen, sondern ihre Handlungsbediente senden. Da übrigens die ganze hiesige Gegend entweder Steppe oder Wiesenland ist, so bestehet ein großer Theil des Nahrungsgewerbes der Einwohner, in Stutereyen und Hornviehzucht, wie auch darinn, daß sie das Erz nach den Schmelzhütten hinführen; dahingegen

gegen gehet es mit dem Feldbau, wegen des schlechten Bodens, nicht so gut von statten, als in den Gegenden jenseit des Gebirges Ural; dahero man auch allhier anjetzt keinen Roggen mehr aussäet. Von dem ilekischen Salz, welches für ein vortreffliches und fertiges Product dieses Landes gehalten werden kann, ist in dem ersten Theil dieser Topographie, umständlich gehandelt worden. Was die Kupfererzte anbelangt, davon in der Nähe von Orenburg, an den Ufern der Flüsse Karal die in die Sakmara fallen, eine große Menge gefunden wird, und die von allen andern für die besten gehalten werden; so soll deren im 12. Kap. dieses Theils, umständliche Erwähnung geschehen; ich will nur dieß allein anzeigen; daß schon die ältesten Bewohner dieser Gegenden, allhier Erzt gegraben haben, wie davon die von alten Zeiten vorhandene Hüttenwerke zeugen.

Salafikaja Krepost, liegt auf der großen Poststraße die nach der isetlischen Provinz gehet, von Orenburg 229; von Wosdwischenskaja Krepost 113, und von werchojaizkaja Krepost 160 Werst: Diese Vestung ward im Jahr 1755 in dem Lande der Bursener, die ein Stamm der Baschkiren sind, auf Veranlassung einer von den Einwohnern dieses Landes unternommenen Meuterey; zu denen sich bald darauf mehrere Baschkiren, von den jenseit des Urals wohnenden Stämmen gesellten, und die zu einem öffentlichen Aufstande ausschlug, angelegt. Anfangs war man willens, diese Festung mitten in dem Bezirk der Wohnplätze, wo die Meuterey zuerst angefangen war, anzulegen, und darinn zwo Compagnien, Eine von Dragonern, und die Zwente von Fußvölkern, zur Besatzung einzulegen, um dadurch sowohl den Bösewichtern eine Furcht einzujagen, als auch um auf ihre Unternehmungen acht zu haben, und ihre Absichten leichter zu entdecken; zu dem Ende auch allhier ein Proviantmagazin errichtet werden sollte.

Allein

**Gouvernements.**

Allein den 26sten Jul. desselben 1755 Jahres, ward bey der orenburgischen Gouvernements Canzeley die Verfügung gemacht, und dem dirigirenden Senat folgendes unterlegt: damit man nämlich auf die jenseit des Urals, ihre Wohnsitze habende baschkirischen Stämme, die von der Stadt Ufa weit abgelegen wären, bessere Aufsicht haben, und alles bemerken könne; so möchte aus diesen Stämmen Ein eigener District gemacht, und dazu folgende 6 Stämme angeschlagen werden, nämlich: Bursenskaja, Karagai-Kiptschatskaja, Tamjanskaja, Usergenskaja, Tangaurskaja, und Sugun-Kiptschatskaja, und überdem, wenn man wollte, der Buschmankiptschatische und Tschamkin-Kiptschatische Stamm. Alle diese Stämme möchten von der ufischen Provinz abgenommen, und zum Gebieth des orenburgischen Gouvernements angeschlagen werden. Als welches alles in der Art von dem dirigirenden Senat mittelst Ukas, vom 14 August 1755 genehmiget, und zugleich befohlen ward; es solle die orenburgische Gouvernements Canzeley, zu den Canzeley-Geschäfften in gedachter neuen Vestung, die nöthige Anzahl der Canzeley Bedienten, aus der ufischen Provinz nach seinem Beprüfen verordnen, und die Summa zu ihrer jährlichen Besoldung von denselben Einkünften nehmen, woher sie dieselbe in Ufa erhalten haben. Ob aber gleich vorbemeldete Besatzung in diese Vestung eingelegt ist; so ist doch die Einrichtung des Districts noch nicht geschehen.

Der in diesem 1755 Jahr erregte baschkirische Aufstand, erfodert eine umständliche Beschreibung. Denn ob er gleich nicht so lange gedauert hat, als derjenige Aufstand, dessen in der orenburgischen Historie, seit dem Anfange der orenburgischen Comißion Erwähnung geschehen ist; so war er dennoch mit besondern Umständen, die sich vordem nicht ereignet hatten, verbunden.

bunden. Es wird also nicht undienlich seyn, diesen Aufstand allhier kürzlich zu beschreiben, bis etwa mit der Zeit, eine weitläuftige Beschreibung davon auskommen wird.

Es wohnte auf der sibirischen Straße, in dem Gebieth des christlichen Meschtscherjakischen Aeltesten Janisch Abdulin, ein gewisser Meschtscherjakischer Mulla, oder ein mahomedanischer Gesetzlehrer, Namens Batyrscha Alejew, ein von Natur verschlagener und zu Ränken aufgelegter Mann; der die irrigen Lehrsätze der mahomedanischen Religion sehr wohl ausgelernt hatte; von mittelmäßiger Statur, bräunlicht und trocken von Gesicht, seines Alters gegen 46 Jahren. Dieser reisete schon im Jahr 1754 (wie sich bey der Befragung entdeckt hat) in ganz Baschkirien und andern Gegenden herum, und streuete, unter dem Vorwande der Bekehrung, unter dem Volke den Saamen der Empörung aus: wie er denn auch schon in demselben Jahr, viele baschkirische Stämme auf seine Seite gebracht hat, und mit ihnen eins geworden war, sich offenbar zu empören, und dazu von der einen Seite, die im kasanischen Gouvernement lebenden Mahomedaner, und von der andern die Kirgisen, und die übrigen dasigen Nationen zu bewegen; wornächst er an verschiedenen Orten eine aufrührerische Schrift austheilte, die er selbst mit vieler Verschlagenheit, nach den irrigen Sätzen seiner Religion abgefaßt hatte, von welcher zum Beweis seiner listigen und weit hinausgehenden Absichten folgender Auszug mitgetheilet wird.

„Ich Abdulla Mäsgildin,„ (diesen Namen hatte er von seiner Lehre, sonst ward er von dem Volk Batyrscha genannt;) „der ich auf Gott und auf die Gnade „seines Propheten hoffe, und den Fußstapfen seiner Jün„ger folge, verkündige und erkläre euch Rechtgläubigen, „die ihr im rußischen Reiche lebet, von den ungläubi-

„gen

## Gouvernements. 23

„gen Rußen auf mancherley Art verfolget und gedruckt
„werdet, und ganz ausgesogen und entkräftet seyd, fol=
„genden Willen des Höchsten: hierauf stellt er Anfangs
„vor; wie ihre Vorfahren das heilige Gesetz übertreten,
„sich dem rußischen Reich unterworfen, und eben da=
„durch das Gesetz entkräftet hätten. Er erinnert sie je=
„ner alten Zeiten, da die bulgarischen Nationen, die
„er rechtgläubige Mahomedaner nennet, die Ungläubi=
„gen mit bewaffneter Hand angegriffen, und geschlagen,
„und dafür zur Belohnung in dieser Welt ein glückliches
„Leben führten, nach dem Tode aber in die ewige Selig=
„keit versetzt worden. Er gab ihnen zu bedenken, was
„für große Verfolgungen sie von den Rußen zu erdulden
„hätten; wie viele von ihren eigenen Glaubensverwand=
„ten, die es mit den Rußen hielten, ihre Weiber und
„Kinder in die Knechtschaft zögen, und gesetzlose Ehen
„stifteten, wobey sie sich für Rechtgläubige hielten, da
„doch eben die Gemeinschaft mit den Rußen zeigte, daß
„sie in dem äussersten Unglauben steckten; daheroo sie auch
„von ihm Ungläubige genannt werden. Er rathe ihnen
„davon abzustehen, den Rußen nicht zu dienen, ihnen
„nicht zu erlauben, Städte und Vestungen zu erbauen,
„noch einige Fabriken anzulegen, die Rechtgläubigen zu
„beschützen, ihr bisheriges Vergehen zu bereuen, Gott
„dadurch zur Gnade zu bewegen, und die von den rußi=
„schen Befehlshabern verordnete Aeltesten aus dem We=
„ge zu räumen. Er führte hiebey verschiedene Stellen
„aus dem Koran an, wodurch er zu beweisen suchte,
„daß eben dadurch ihre Religion befestiget werden, und
„sie die Hülfe vom Himmel erlangen würden. Er er=
„mahne also alle diejenigen von der Nation, die eine un=
„befleckte Religion hätten, ihre Pferde zum Streit in
„Bereitschaft zu halten, sich mit Säbeln, Spiesen,
„Pfeilen und Bogen, und allem nöthigen Kriegsvorrath
„zu versehen, und dem Befehl Gottes gemäß sich anzu=
B 4 „schicken,

„schicken, die ungläubigen Russen aus ihren Ländern zu
„vertreiben und zu vertilgen, und an Stelle der in ih-
„rem Lande erbauten Kirchen der Ungläubigen, eigene
„Mosqueen und Schulen anzulegen. Mahomed, ihr
„Prophet, werde selbst ihr Anführer und ihr Beschützer
„seyn, und selbst die, so aus Zwang den christlichen
„Glauben angenommen, würden, so bald sie gemein-
„schaftlich sich wieder sie erhüben, abfallen, und zu ih-
„nen treten. Bey dieser Gelegenheit gedachte er auch
„der Kirgisen, und sagte: die Russen hätten sie durch
„viele Geschenke betrogen; da sie einen Sohn des Chans
„zum Geißel genommen, suchten sie, wie sie sich mit
„ihnen mehr und mehr vermengen, und sie end-
„lich durch Erbauung verschiedener Städte in ihrem
„Lande, gänzlich daraus vertreiben könnten: sie giengen
„damit um, die an ihren Gränzen belegenen Städte,
„Taschkent, Buchar, u. a. m. zu verwüsten, und
„unter ihre Gewalt zu bringen. Die den Baschkiren
„und Meschtscherjaken geschehene Erlassung der Zinse
„sey bloß geschehen, um sie zu blenden; daß sie aber das
„Ilekische Salz von der Krone kaufen müßten, sey eine
„Belästigung des Volks. Er gab ihnen zu verstehen,
„wie die Russen suchten, sie mit den Kirgisen in Streit
„zu verwickeln, um dadurch Gelegenheit zu haben, ihr
„Blut zu vergießen; und überdem hätten sie auch dieß
„zu besorgen; es könnten die Russen sich mit den Kirgi-
„sen vereinigen, und sie endlich selbst anfallen. End-
„lich schließt er damit: es möchten alle Gläubige und
„einen Gott bekennende Mahomedaner, Junge und Al-
„te, Fußvolk und Reiter, dem göttlichen Befehl Folge
„leisten, (bey welcher Gelegenheit er eine Stelle aus dem
„Koran anführet,) sich eiligst versammeln, und ausziehen,
„ihr Haab und Gut nicht achten, sich vor den Ungläubigen
„nicht fürchten, sondern fest auf Gott trauen. Er suchte ih-
„nen aus verschiedenen Stellen des Korans zu beweisen:
„daß

## Gouvernements.

„daß ihnen Gott gegen eine große Menge von Rußen
„helfen werde, und versicherte sie, er habe hierüber mit
„den gelehrtesten Leuten Unterredungen gehabt; die Kir-
„gisen wären willens ein Gleiches zu thun, auch wür-
„den die rußischen Gränzen von den übrigen rechtgläubi-
„gen Nationen mit einem Einfall bedrohet, die sich
„sämmtlich beredet; diese Sache den 10. Jul. 1755 Jahr
„zu unternehmen; worüber die Briefe und Nachrichten
„allenthalben hingesandt wären; sie möchten dahero
„gleichfalls im Vertrauen auf Gott, an demselben Tag,
„oder wenn es von den Rußen vorhem entdeckt werden
„sollte, auch eher anfangen. Sie möchten diese Schrift
„aus einer Hand in die andere herumschicken, sich Einer
„den andern ermuntern, selbige Schrift aber vor den
„Ungläubigen, nämlich denjenigen, die bey den Rußen
„in Diensten blieben, verbergen. Endlich sey es ge-
„wiß: daß in diesen Tagen aus der Türkey ein großes
„Heer zur Niedermetzelung der Rußen in Astrachan
„angekommen, und man höre, daß ihrer eine noch grös-
„sere Anzahl im Anmarsch sey.,,

Diese aufrührerische Schrift fiel dem obenbemeldeten
Meschtscherjakischen Aeltesten Janisch, bey der Fest-
nehmung des Batyrscha, der jedoch entkam, und in
die Wälder floh, in die Hände. Er sandte sie in die
ufische Provinzial-Canzeley, von hier aber ward sie
den 15ten September 1755 bey einem Bericht an die
orenburgische Gouvernements-Canzeley geschickt; der
älteste Janisch aber bekam laut dem Befehl Es. dirigirenden Senats, dem es berichtet ward, eine ansehnliche
Belohnung.

Hiebey ist am meisten zu bewundern, daß, da ein
so wichtiger Auffstand ein ganzes Jahr hindurch intrigui-
ret worden, weder bey der Gouvernements- noch bey
den Provinzial-Canzeleyen die geringste Angabe geschehen, noch einige Nachricht vorhanden ist, sondern man

B 5.                                                          bey

bey ihnen alles so vollkommen geheim gehalten, daß derselbe den 18ten May 1755, (folglich kurz vor dem in der Einladung bestimmten Termin,) auf der nagaischen Straße im bursenischen Stamm mit Ermordung eines gewissen Steinbrechers, Namens Bragin, der von dem Cabinet zur Aufsuchung und Bearbeitung der couleurten Steine abgeschickt war, desgleichen mit Plünderung der Poststation auf dem isettischen Wege, und Ermordung einiger Reisenden angefangen, und sogleich entdeckt worden ist. Wie man diese Uebelthäter alle zusammengebracht hatte, so erfuhr man, daß gegen 100 Mann mit Weibern und Kindern, und mit allem ihrem Vieh zwischen den Ober-jaikischen Vestungen durch wüste Gegenden sich nach dem Jaik gewandt, und in die kirgiskaisakische Horde begeben hätten.

Nach dieser Flucht tödteten die Baschkiren von eben demselben bursenischen Stamm, da einer von den entflohenen Baschkiren zu ihnen gekommen war, einen gewissen ihnen zugeordneten Meschtscherjakischen Aeltesten, Namens Abdul Wagap, nebst seinem Schreiber und noch zween Meschtscherjaken. Hiernächst empörten sich im August desselben Jahres, ausser dem bursenischen Stamm, auch noch einige andere, nämlich: die sämmtliche Tungaurskaja, Userjenskaja, Tamjanskaja, und Sugun-Kiptscharskaja Wolosten, ferner, der größte Theil des Tschamkin-Kiptschatischen, und einige vom Karagai-Kiptschatischen Stamm, (als welche alle der Kirgiskaisakischen Steppe nach der orenburgischen Seite der uralischen Geburge angränzten). Sie theilten sich in verschiedene Partheyen, und entflohen mit Weibern und Kindern jenseit des Jaiks in die kirgiskaisakische Horde, wobey sie auf ihrer Flucht vielen Unfug ausübeten. Die Anzahl dieser zu den Kirgiskaisaken entflohenen Baschkiren beläuft sich nach einer ohnge-

ohngefähren Berechnung an Männer, Weibern und Kindern, über 10000 Personen. Sie hofften, sie würden die Kirgisen auf ihre Seite ziehen, gemeinschaftlich mit ihnen neue Freveltbaten unternehmen, und ihre zu Hause nachgelassene Habseligkeiten, (die sie in den Bienenstöcken und an verschiedenen andern Orten versteckt hatten,) zurück bekommen können.

Es war zwar gleich anfangs der Befehl ertheilet: sie nicht über den Jaik zu lassen, und mit den Flüchtlingen, als mit Uebelthätern zu verfahren; dahero denn auch die Commandos verstärkt wurden. Da sie aber an verschiedenen Stellen, und in starken Partheyen über den Jaik setzten, so war es nicht möglich ihrer Flucht Einhalt zu thun, und ihnen merklichen Schaden zuzufügen; inzwischen wurden ihrer in verschiedenen Gefechten gegen tausend Mann getödtet, diejenigen aber, die man gefangen bekam, mit der Knute bestraft, und nach Rogerwyk, (wird anjetzt der baltische Hafen genannt,) zur ewigen Arbeit verschickt; die Weiber und Kinder aber nach Moscau gesandt, und unter die Russen zu Erb und Eigen vertheilt.

Die hauptsächlichsten Ausschweifungen, die diese Bösewichter begiengen, bestanden darinn: daß die Buschmann = und Tschamkin = Kiptschakischen Stämme, nebst den ältesten Satlyk und Tläumbet, und die Sugun Kiptschatzi, die sich zu ihnen gesellet, das an der Quelle des Flusses Jk belegene Kupferbergwerk des Grafen Alexander Iwanowitsch Schuwalow in Brand gesteckt, und einige allda gewesene unbewaffnete Leute, die sich durch die Flucht nicht haben retten können, umgebracht haben. Nachhero überfielen sie das von dem Brigadier Bachmetew zur Beschützung der Eisenwerke des Grafen Peter Iwanowitsch Schuwalow unter dem Befehl des Capitains Stapsstoi, ausgesandte Commando Dragoner, wobey sich
zween

zween Officiers und 50 Mann orenburgischer Kosaken, nebst dem Sotnik Bardabey befanden; und stellten sich demselben im Walde in einem engen Wege 30 Werst von Salairskaja Kreposst entgegen. Ob sich nun gleich besagtes Commando zween Stunden lang muthig wehrete, und viele niedermachte, unter denen sich auch der oberste Anführer Kutschukbai befand, so wurden dennoch alle, ausser zween Kalmyken, und drey christliche Baschkiren, die bey der Parthey waren, umgebracht, indem sich die Anzahl der Aufrührer über 2000 Mann erstreckte, und der Platz sehr enge war. Vorher aber wurden vor ihnen auf der orischen Distanz in einem Treffen mit den Baschkiren, bey welchen sich 200 Russen und 60 Mann christlicher Baschkiren befanden, beym Uebergang über den Jaik 16 Mann Kalmyken getödtet, ohne ihrer übrigen Mißhandlungen zu gedenken, wie die bey der Gouvernements-Canzeley befindlichen Acten ausweisen.

Es schrieb der wirklich Herr Geheime Rath und Ritter Neplujew, der damals in Orenburg Gouverneur war, gleich beym ersten Anfange der Unruhen, an das wolodimersche, astrachanische, und asowische Regiment, sie möchten so bald als möglich, sich nach dem orenburgischen Gouvernement verfügen. Sie machten sich auch gleich auf; konnten aber nicht vor dem Herbst dahin ankommen. Ueberdem wurden damals von dem Jaik 1000 Kosaken, aus Stawropol 500 Mann getaufter Kalmyken, und eine nicht kleine Anzahl von Baschkiren und Meschtscherjaken die Christen geworden waren, abgeschickt; und auf die Vorstellung vor gedachten Geheimenraths, von dem Don 2000 Kosaken commandirt. Nach Kasan ward das nischegorodsche Regiment hingeschickt; ausser dem aber befanden sich daselbst zwey Dragoner Regimenter, nämlich das troizsche und das revalsche, wie auch einige

Regimen-

Regimenter von der Garnison und von der Landmiliz; und einige getaufte Kalmyken, nebst andern irregulairen Truppen, die sich in dem orenburgischen Gouvernement niedergelassen hatten. Hiernächst ward zu der im orenburgischen Gouvernement, bey einer Compagnie befindlichen Artillerie, noch eine vollzählige Compagnie, nebst einer nicht geringen Anzahl Canonen, und allerley Artillerie-Geräthschaften hingeführt. Zur Unterhaltung dieser Truppen, wurden an verschiedenen Oertern Proviantmagazine errichtet, und zu dem Ende von der Ober Proviants Canzeley, der Ober Proviant Meister Scheltuchin hieher gesandt: über sämmtliche Truppen aber ward das Commando, auf eine specielle Ukas, dem Generalmajor und Ritter Jwan Alexesewitsch Saltykow übertragen, als welcher zu dem Ende nach Orenburg gesandt ward. Dieser ward, wie er noch in Orenburg war, zum General-Lieutenant erhoben, und gieng mit dem Ausgange des 1756sten Jahres zur Armee nach Preussen.

Man kann leicht denken, daß die Unterhaltung dieser nicht geringen Anzahl von regulairen und irregulairen Truppen, und die Errichtung der Magazine an verschiedenen Oertern, wegen der vorbemeldeten Unruhen, große Summen müssen gekostet haben. Inzwischen kann man doch dieß für wahr annehmen: daß eben dadurch die übrigen Baschkiren, von der Empörung und Widersetzung sind abgehalten worden. Vorgedachter erster Anstifter des Aufstandes Batyrscha ward gleichfalls, so weit er sich auch zu verstecken gesucht hatte, von dem Meschtscherjakischen Aeltesten Suleiman Dewajew gegriffen, und nach St. Petersburg geschickt. Hauptsächlich aber hat zur schleunigen Dämpfung dieser Unruhen, das von dem dirigirenden Senat unter den ersten September 1755 publicirte Manifest beygetragen; desmittelst allergnädigst befohlen war: daß demjenigen

Basch=

Baschkiren, sie möchten sich in Baschkirien aufhalten, oder nach andern Gegenden verlaufen seyn, die sich dieser Meuterey schuldig gemacht, oder derselben beygetreten, oder auch davon gewußt, wenn sie ihr Vergehen gutwillig bekennen, und in ihre Heymath zurückkehren würden, und zwar die so in Baschkirien sich aufhielten in zween, und die Verlauffenen in 6 Monaten: ihr Verbrechen Allergnädigst ohne einige Strafe vergeben seyn, und ihnen ihre vorige Ländereyen und Besitzungen, zurück gegeben werden sollten; sie möchten hinführo in Ruhe leben, und keinen Unfug anrichten; wiebrigen Falls hätten sie sich ihr Verderben selbst zuzuschreiben; man werde ihre Wohnungen, ihre Ländereyen, und ihr anderes unbewegliches Vermögen von ihnen wegnehmen, und unter diejenigen austheilen, die ihren Eid und Pflicht unverbrüchlich gehalten hätten. Ueberdem bediente man sich auch einer List; indem man sich Mühe gab, zwischen den, zu den Kirgiskaisaken übergegangenen Baschkiren, und den Kirgiskaisaken eine Uneinigkeit zu stiften. Man gab letztern zu verstehen: welcher Gefahr sie sich durch die Aufnahme der Baschkiren aussetzten. Diese Vorstellung die man den Kirgisen, durch den in die Horde gesandten Capitän Jacowlew thun ließ, hatte eine erwünschte Wirkung: Denn die Kirgisen entrüsteten sich, wider die zu ihnen gekommenen Baschkiren, und erschlugen ihrer viele; die mehresten aber nahmen sie zu sich in ihre Ulussen, und hielten sie bey sich gefangen: dahero denn ihrer sehr viele, denen die von russischer Seite ihnen versprochene Verzeihung zu Ohren gekommen war, nach Baschkirien zurück kehreten, und auf diesen ihren Rückzug die Kirgisen beraubten, und ihnen allerley Schaden zufügten. Ausserdem ward auf eine specielle Ukas, der Brigadier Tewkelew, der für diese übertragene Commission zum General Major avancirt ward, abgesandt, um die Baschkiren zurück

zu

## Gouvernements. 31

zu fodern; worauf denn auch die baschkirischen Unruhen gänzlich gedämpft wurden, und ein Ende nahmen. Die sämmtliche Anzahl der in die Kirgisen Horde verlauffen gewesenen Baschkiren, die in ihr Vaterland wieder zurück gekehret sind, beläuft sich auf 5545 Personen; überdem wurden an den vorgedachten Generalmajor, 737 Personen ausgeliefert, als welche insgesammt nebst ertheilten Freyscheinen, in ihre alten Wohnplätze abgelassen sind; wie denn auch auf Verfügung des dirigirenden Senats, die Termine zu ihrer Rückkehr, nach Maaßgabe eben angeführten Manifestes, von Jahr zu Jahr verlängert werden. Die übrigen näheren Umstände dieser Zusammenverschwörung, erfodern und verdienen eine besondere Beschreibung; inzwischen kann diese kurze Nachricht, zu deren Mittheilung die Beschreibung der Selairskaja Krepost die Veranlassung gegeben hat, dazu zur Anleitung dienen.

Bugulminskaja Sloboda, stehet eben so wie oben angeführte Plätze, unmittelbar unter Direction der orenburgischen Gouvernements Canzeley. Sie liegt von Orenburg gerade auf der moscauischen Straße 338, und von Kasan auf eben derselben Straße, 183 Werst *). In dieser Slobode befindet sich das sogenannte bugulminische Landcontoir, unter dessen Gebieth noch verschiedene andere Sloboden stehen, nämlich: Nisminskaja, Kuwaskaja, Bogoroslanskaja, Kandyschkaja, und

*) Diese Entfernung ist nach der neuen Ausmessung ausgefunden; nach der vorigen Ausmessung und nach dem Calender, beträgt sie von Orenburg 277 Werst 200 Faden, und von Kasan 245 Werst; wornach bis jetzt die Stationsgelder bezahlet werden. Diese Verschiedenheit kömmt daher, weil die erste Ausmessung vor Verlegung der Dörfer, gerade durch die Steppe geschahe: diese aber nachhero der Bequemlichkeit wegen an den Seiten angelegt; einige aber nachmals nach andern bequemeren Plätzen verlegt sind.

und sonst einige auf dem großen Wege, und an den Seiten befindliche russische und andere fremden Religionsverwandten, zugehörige Wohnplätze. Die Anzahl der Einwohner dieser sämmtlichen Sloboden und Wohnplätze, beläuft sich an russischen Reichsbauern, die zur Kopfsteuer angeschlagen sind, auf 1650; an fremden Glaubensverwandten auf 2001, und an Privatbauern auf 69, in allem auf 3720 Köper; desgleichen an Tepteren und Bobylen, die einen jährlichen Zins von 80 Copeken bezahlen, auf tausend; in allen auf 4700 Einwohnern. Was insbesondere die Bugulminische, Pismenische, Kuwaskische und Bozoraslanische Slobode anbelanget, so sind deren Einwohner, nach dem den Regimentern von der Landmiliz von Orenburg, die orenburgischen Vestungen zur Niederlassung eingewiesen worden sind, aus den Landstädten der sakamischen Linie nämlich: aus Staroschesminsk, Nowoscheßminsk, Sainsk, Tiansk, und Jeriklinsk, größtentheils hieher verlegt worden. Denn es werden selbige Regimenter, durch Kinder dieser Einwohner vollzählig gemacht; die Alten aber, und die welche keine Dienste mehr thun können, werden nach erhaltenem Abschied, gemeiniglich nach selbigen Sloboden, zur Niederlassung abgelassen. In Bugilminskaja Sloboda sind gegen 500 Höfe, und zwo hölzerne Kirchen: auch ist hier auf eine besondere Ukas aus dem dirigirenden Senat, ein Hospital angelegt, in welches allerley Leute, besonders Exulanten, die nicht arbeiten, und für sich einen Unterhalt verschaffen können, (damit sich in Orenburg keine Bettler und loses Gesindel einfinden mögen) gesandt, und daselbst auf Kronkosten unterhalten werden; einige wenige leben von eigenen Mitteln: da das Brod und andere Eßwaaren allhier nicht theuer sind.

Da ich in dieser Topographie, und besonders im ersten Theil verschiedener asiatischen Nationen, am meisten

meisten aber derjenigen Erwähnung gethan habe, die von den alten griechischen, römischen, und andern Geschichtschreibern, unter dem Namen von Scythen und Tataren sind beschrieben worden; von den Neuern aber überhaupt, Tataren genannt werden; so kann ich nicht umhin, beym Schluß dieses Kapitels anzuführen: daß ich wegen dieser beyden Benennungen, mit vielen gelehrten Mahomedanern manche Unterredungen gehabt, mich auch bey zuverlässigen und glaubwürdigen Personen, die von Orenburg nach Chiwa, wie auch nach Klein- und groß-Bucharey gesandt worden, und zu mehreren malen da gewesen sind, sorgfältigst und genau erkundiget, und nachgeforscht habe: ob diese Namen dort unter ihnen gebräuchlich sind; wie sie dieselben verstehen und gebrauchen. Zu diesem allen füge ich meine Meynung hinzu, ob ich sie gleich eben nicht für ganz unzweifelhaft ausgebe.

Was den ersten und ältesten Namen Scythen anlanget, so ist derselbe weder in Chiwa, noch in Klein und groß-Bucharey bey den dasigen Einwohnern gebräuchlich, ja so gar nicht einmal bekannt. Sie legen an keinem Orte irgend einer Nation diesen Namen bey. Man siehet also hieraus: daß ihnen diese Benennung in den allerältesten Zeiten, von den griechischen und übrigen europäischen Geschichtschreibern, ist beygelegt worden; ob es aber ein hebräisches oder arabisches Wort ist, wie einige dafür halten, oder ob es nach der Meynung der Neuern Deutsch ist, und von dem deutschen Wort Schützen, oder nach der alten niedersächsischen Aussprache Skieten herkömmt; wie auch ob dies Wort in allen diesen Sprachen einen Bogenschützen bedeute, solches lasse ich unerörtert. Alles was hieher gehören kann, ist bey Stralenberg in seiner Einleitung zur Beschreibung des nordöstlichen Asiens, auf der 53 und 34 Seite, und beym Hederich in seinem Schul-Lexico, unter dem Worte Scytha ausführlich zu finden.

Was die zweyte Benennung dieser Völker mit dem Namen von Tartaren und Tataren anbelangt: so ist zwar in dem ersten Theil dieser Topographie, im 4 Kapitel, aus den tatarischen Geschichtbüchern, und nach dem, was der in Orenburg sich aufhaltende Agun Jbraim, vom Tatar-Chan erzählt hat, gemeldet: daß dieser ein leiblicher Bruder des Moguls, im fünften Glied von Turk eines Sohnes des Japhets gewesen; von diesen beyden Brüdern Tatar und Mogul, hätten die Tataren und Moguln ihren Namen bekommen; weil sie aber beyde in großer Mißhelligkeit gelebt, so sey schon in den alleraltesten Zeiten, zwischen diesen Benennungen eine große Verwirrung entstanden, und eine Nation mit der andern, in Absicht ihres Namens verwechselt worden, inzwischen kann es seyn, daß der Name Tatar, in allen oben benannten Gegenden erloschen, oder ein Schimpfwort geworden: denn ich weiß zuverläßig, daß daselbst nirgends eine Nation vorhanden ist, die Tatar genannt werde. Sie verstehen unter diesem Namen ein Gesetzloses und wildes Volk, welches ihrer Meynung nach in den russischen, und am meisten in den entferntesten siberischen Gegenden wohnen soll; wo es aber eigentlich ist, können sie nicht angeben. Ueberhaupt wird der Name Tatar, bey ihnen für ein beleidigendes Schimpfwort gehalten, und heißt so viel als ein Barbar, zu nichts tauglicher Mensch.

Da ich die verschiedenen Nationen in dem mittäglichen Asien beschreibe, so fällt mir ein von dem Translateur Arapow, der öfters in Turkestan gewesen, gehöret zu haben, daß sich um diese Stadt ein gemeiner und verachteter, 100 Familien starker Ueberrest von Menschen aufhalten solle, die von den andern spottweise Kuju rukly Tatar, das ist, stinkendes Ungeziefer

## Gouvernements.

mit Schwänzen, genannt werden. Sie fabeln von ihnen: ihre Vorfahren hätten den Sohn eines gewissen Cnodschi, der in Turkestan gelebet, und gestorben, und der wegen seiner Wunderwerke bis jetzt, allda für einen großen Heiligen gehalten werde, umgebracht, ihm den Kopf abgeschnitten, denselben spottweise vor sich her getragen und um Vergebung gebeten. Der Vater hätte sich so gelassen und großmüthig bezeiget, daß, ob er gleich mächtig, und bey dem Volk angesehen gewesen, er ihnen doch sonst nichts gethan, als daß er sie mit dem Fluche belegt, daß sie künftig zum Reiten ungeschickt geworden, indem ihnen von der Zeit an, der Anhang des Rückenbeins verlängert worden; welches sie im Reiten hindert: und eben deswegen stehet dieses ganze Geschlecht in großer Verachtung, und wird für gottlos gehalten. Erwähnter Translateur versichert: er habe von selbigen Leuten ein Kind nackend gesehen, welches hinten ein dergleichen Zeichen gehabt. Ob dies wahr ist oder nicht, will ich nicht untersuchen, ein jeder kann davon so viel glauben, als er will. So viel ist gewiß und ausgemacht, daß der Name Tatar in sämmtlichen dasigen Gegenden, nicht nur keiner einzigen Nation beygeleget, sondern so gar für das größte Schimpfwort gehalten werde: die in den Orenburgischen, Kasanschen und andern Gegenden Rußlands lebenden Tataren, die mit ihnen eines Glaubens sind, nennen sie nicht Tataren, sondern Nagajer.

So viel ich übrigens in Erfahrung habe bringen können, und anjetzt zuverlässig weiß, so nennen alle diejenigen Völker, die von europäischen Geschichtschreibern unter den Namen von Tataren beschrieben sind, sich selbst von jeher bis auf diese Stunde mit den allgemeinen Namen Türk, und leiten diesen ihren Namen von der Stadt Turkstan ab, die in dem ersten Theil dieser Topographie beschrieben ist. Sie verstehen also unter dem Namen

Namen **Türk** ganz was anders, als wir darunter verstehen: denn ob sie gleich Nachrichten davon haben, daß einige von denen Nationen, die um **Turkestan** gewohnt haben, zu den **Saracenen** übergegangen sind, und mit diesen einen gemeinschaftlichen Namen bekommen haben; so nennen sie doch die Türken **Urum** und nicht **Turk**; und wenn man nach der hiesigen Bedeutung des Worts **Tatar** jemanden fragt: verstehst du tatarisch? so sagt man gemeiniglich **Tatartscha Blämyssin**, تاتارمان بلاوان ; allein nach ihrer Art muß man sagen: **Turkutscha** (und nicht Tatartscha) **Blämyssin** بلاندان تورکي. Ein türkisches Buch heißt bey ihnen **Urum Kitabi,** روم کیتاب, oder **Usmanli Kitabi** عثمانلي کیتاب, und ein tatarisches Buch: **Turki Kitabi** تورکي کیتاب u. s. w. Es erhellet also aus oben angeführten, daß der Name **Tatar** bey diesen Völkern ein verachtetes und unehrliches Wort ist; und denjenigen Nationen beygeleget wird, die sie für gesetzlos, unmenschlich, und verächtlich halten; so wie die Griechen in alten Zeiten, alle diejenigen Völker die sie verachteten, und benen sie feind waren, **Barbaren** nannten. Aus verschiedenen Stellen der Apostelgeschichte erhellet: daß die **Barbaren** und **Scythen** für wilde Völker sind gehalten worden; und bis auf den heutigen Tag bedeuten die Wörter **Barbarey**, und **Barbaren**, fast in allen europäischen Sprachen etwas unmenschliches, wie auch wilde, grausame und tyrannische Menschen, ob man gleich nicht weiß, welcher Sprache dieß Wort eigentlich eigen ist.

Der Verfasser der Anmerkungen über die Geschichte des **Abulgasi Bajadur Chan,** sagt in seiner 18 Anmerkung im 2ten Kap: vor dem **Tschingis Chan** wären alle diese Völker Turken genannt worden; nach der

Zeit

## Gouvernements.

Zeit sey dieser Name bey ihnen erloschen, und sie hätten angefangen sich Tataren zu nennen. Allein, er führt gar keinen Beweis an, woher er dieß genommen; dahero man sich auch nicht sehr auf ihn verlassen kann, um so viel mehr, da das was oben von ihren ehemaligen und gegenwärtigen Umständen angeführet ist, uns eines andern überzeugen.

Aus dem Namen Scythe, den diese Nationen in alten Zeiten bekommen haben, erhellet schon, daß er nicht ihr eigentlicher Name ist, sondern ihnen von andern Nationen, besonders (wie ich meyne) von den Griechen beygeleget worden. Man findet ihn schon bey dem Herodot, der für den Vater der Historie gehalten wird; und die Griechen hatten ihr eigenes Belieben daran, fremden Nationen, nach eigenem Gefallen Namen beyzulegen, und sie nicht so zu nennen, wie sich diese Nationen selbst nenneten; welches aus dem Namen Barbar, den sie vielen Völkern beygelegt, zur Gnüge erhellet; wie sie denn auch die Perser, wenn sie mit ihnen Krieg führten, nicht anders als Barbaren nannten. Wenn es also erlaubet ist, dunkele Stellen in der Geschichte nach seiner Meynung, und durch Herleitung von andern Benennungen zu erklären; so erdreiste ich mich zu behaupten: daß der Name Tartarey und Tartar, (welches Wort anjetzt mit Auslassung des Buchstaben R Tatar geschrieben wird) in der Geschichte dieser Völker, gleichfalls von den Griechen und Lateinern, oder auch von andern, die den griechischen und lateinischen Scribenten gefolget sind, später aufgebracht ist, als der Name Scythe. Zu dieser neuen Meynung veranlassen mich folgende Umstände. 1.) Haben die Alten und die griechischen Scribenten, gleich anfangs unter dem Namen von Scythen und Sarmaten, beständig wilde und ihnen fürchterliche Völker beschrieben, und diese beyde Benennungen so uneigentlich gebraucht, daß

sie

sie alle diejenigen Nationen, die ihnen gegen Norden gelegen, und die sie nicht kannten Scythen oder Sarmaten, bisweilen auch Barbaren genannt haben. 2.) Diejenigen so ihnen gefolget, besonders die Poeten bedienten sich des Wortes Tartarus, wenn sie in ihren Versen Schrecken, Furcht, Barbarey oder Unmenschlichkeit, Grausamkeit und Wuth, abmahlen wollten; und bezeichneten mit selbigem die Hölle, höllische Furien, und andere Schreckbilder, wie solches im vorgedachten Schul-lexico, unter dem Wort Tartaros, weitläuftig beschrieben ist; auch glaubten einige von ihnen, die Hölle lat. Infernus, liege in den cimbrischen Gegenden, folglich da, wo die Wohnplätze der Scyther und Tataren sollen gewesen seyn. 3.) Es kann seyn, daß die Scribenten der spätern Zeiten, nach dem Beyspiel der Alten, gleichfalls alle entfernte Wilde, und ihnen nicht genugsam bekannte Nationen, nicht nur die, so einerley Sprache, nämlich so viel wir wissen die tatarische gesprochen, sondern auch viele andere, die ihre eigene von der tatarischen ganz verschiedene Sprache gehabt, als die Tschuwaschen, Tscheremissen, Mordwinen, und die so in Siberien gewohnet, unter dem Namen von Tataren beschrieben, und noch anjetzt unter dieser Benennung beschreiben. Dieß hat bloß seinen Grund in der Unwissenheit; so wie bey uns und bey den Pohlen bis auf den heutigen Tag, viele aus Unwissenheit unter dem Wort Nemzi, und bey den Türken unter dem Wort Franken, verschiedene europäische Nationen verstehen, die zu den Nemzen oder Deutschen und Franken gar nicht gehören. 4.) Obgleich die in dem kasanschen und andern Gouvernements lebenden Mahomedaner, die von uns Tataren genannt werden, sich auch selbst also nennen, und diesen Namen für kein Schimpfwort halten: so kann dies doch bey ihnen von der langen Gewohnheit herkommen, die

sie

## Gouvernements.

sie angenommen, da sie anfangs an ihren Gränzen gewohnt, und nachhero so gar unter russische Bothmäßigkeit gekommen. So werden auf gleiche Art, noch anjetzt alle Deutschen, nicht nur von den ihnen angränzenden Völkern, als den Russen, Pohlen, Türken, Persern und Tataren Nemzi genannt: sondern sie bedienen sich auch selbst im Reden und Schreiben dieses Wortes ohne Bedenken; ob man gleich nicht genau bestimmen kann, wie und woher dieser Name entstanden. Wollte man aus der russischen oder pohlnischen Sprache eine Derivation suchen, so würde es doch schwer halten, eine solche Ableitung zu finden, die eine Beziehung auf die großen Thaten dieser so alten, und so berühmten Nation hätte. Wie denn auch, wenn wir auf uns zurück gehen, unsere Vorfahren, die Waräger oder Rossen, so bald sie mit Rurik nach Nowogrod kamen, ihren alten berühmten Namen der Slaven verlohren, und sich Russen zu nennen angefangen; wie davon im 1sten Theil im 4 Kap. bey Beschreibung der Russen Erwähnung geschehen ist.

Im 4ten Kap. des 1sten Theils ist, bey Beschreibung der Lage von Orenburg, desgleichen der Beschaffenheit des Clima und was in der Erde angetroffen wird, einiger merkwürdigen Plätze und Gegenden gedacht, die in dessen Umfang in der Steppe jenseit des Jaiks, nämlich der mittlern und kleinen Kirgiskaisakischen Horde belegen sind. Da diese Horden eine so große Strecke ausmachen, so kann man sich die zuverläßige Hoffnung machen, daß wenn erfahrne und wißbegierige Leute sich angelegen seyn lassen wollten, diese Gegenden von Zeit zu Zeit zu untersuchen und zu beschreiben, sie zur Befriedigung der Liebhaber der Wissenschaften, und der Geschichte vieles entdecken werden, was bisher unbekannt gewesen, und was dieß Gouvernement vor andern Eigenes hat. Da aber hierzu Zeit und Gelegenheit erfodert

fodert wird: so würde es vors Erste fürs Publicum von nicht geringem Nutzen seyn, wenn die Oberbefehlshaber in Orenburg und andern hiesigen Gegenden sich bey denen, die von ihren Versendungen von da zurück kommen nach allen Umständen, wie sie im vorgedachten Kapitel beschrieben sind erkundigen würden, wo, und was Einer gesehen, so besonders merkwürdig und aufgeschrieben zu werden verdienet. Alle diese Nachrichten müßten aufgeschrieben, in ein besonderes Buch eingesammlet, und wenn wieder welche nach denselben Gegenden reisen, alle Umstände von diesen genau untersucht, und zuverlässig beschrieben werden. Durch eine solche Beschreibung dieser bisher so wenig bekannt gewesenen Gegenden, wo in alten Zeiten verschiedene zahlreiche Völker gewohnt haben, würde die Erd- und Geschichtkunde sehr bereichert werden; und es könnte mit der Zeit eine ganz vollständige und merkwürdige Beschreibung heraus kommen, dergleichen man von andern Gouvernements nicht hat, und sich kaum versprechen kann.

Zum Beyspiel, wie dergleichen Aufsätze gemacht werden können, füge ich allhier zur Ergänzung des ersten Theils einige Nachrichten bey, die ich damals erst wie selbiger Theil schon fertig war, in Erfahrung gebracht habe, nämlich:

Es hat der Translateur von der orenburgischen Gouvernements Canzeley Jacow Guläjew, der in beyden kirgiskaisakischen Horden zum öftern gewesen, folgendes berichtet:

1) In der kleinen kirgiskaisaken Horde, eine Tagereise von ilezkaja Krepost, wo das ileker Salz gebrochen wird, jenseit des Flusses Ilek, trifft man ein ziemlich großes von Backsteinen aufgeführtes Gebäude an.

2) Eine

Gouvernements. 41

2.) Eine Tagereise von diesem Gebäude an dem Fluß Bolschaja Kobda, nahe bey der Gegend Kaitak, sind Spuren von einer ehedem hier gewesenen Stadt; man sieht noch jetzt allhier gegrabene Canäle, desgleichen Ackerland und Gartenplätze. Auch ist hier ein altes Gebäude mit Gewölben, wo an statt der Verbindungen von Eisen große fichtene Balken angebracht sind, ob anjetzt gleich keine Spur vorhanden, daß in diesen Gegenden und in der Nähe da herum Fichten gewachsen. Im Gesichte dieses Gebäudes sind noch zwey andere von Stein, von denen die Dächer umgefallen sind.

3.) Eine Tagereise von hier am Fluß Ati Uila, in der Gegend, die von den Kirgisen die Gegend des heiligen Mawljum Berda genannt wird, sind Ueberbleibsel von einer Stadt, und 30 bis 40 steinerne Gebäude zu sehen; auch sind noch anjetzt allhier Canäle, desgleichen Spuren von ehemaligen Acker- und Gartenplätzen.

4.) Eine Tagereise von hier an dem Flusse Sagysa, siehet man viele alte Gebäude; auch sind in der Gegend Batschki genannt, 2 Tagereisen von Sagysa, diesen Fluß hinauf bis an den Ursprung des Flusses Sina, in den sich der Fluß Mugaldschara ergießt, bey der Mündung letztern Flusses (wo viel Wald ist) Spuren von alten Städten, wie auch von Canälen und Graben, und sehr viele aufgeworfene Hügel, aus welchen oft Menschenknochen von einer ungewöhnlichen Größe desgleichen Gold, Silber und verschiedene Geräthe gegraben werden.

5.) Auf der chiwaschen Straße, auf einem hohen Gebirge, das man Jrnák nennet, in der Gegend Urschkan Ata ist eine besonders merkwürdige Quelle, in welcher das Wasser unter der Erde so heftig brauset; daß wenn man einen Stein von ziemlicher Größe hinein wirft, derselbe wegen des starken Widerstandes nicht zu Boden

Boden fällt, sondern oben bleibt. Auf eben diesem Berge in der Gegend Guruk, trifft man sehr lange Gräber an, und giebt dieß die Vermuthung, daß daselbst Leute von einer ausserordentlichen Größe müssen gelebet haben: auch sind allhier zwey große und ziemlich hohe Gebäude, auf welche so große Steine liegen, daß ein einziger Stein von 10 bis 15 Menschen nicht aufgehoben werden kann.

6.) Auf eben diesem Gebirge in der Gegend Bilsjudi Atai, ist noch anjetzt ein Hof, der ein großes Portal, inwendig eine Mosquee und einige ziemliche große Zimmer hat. Dieß ganze Gebäude ist von Backsteinen aufgebauet. Beym Portal ist ein großer 30 bis 40 Faden tiefer Brunnen. Man sagt: daß man in dieser Gegend bey klaren und heitern Tagen, die Küsten vom caspischen und aralischen Meer sehen könne, auch wird erzählt: als wenn in alten Zeiten aus Astrachan auf dem caspischen Meer, eine Fahrt nach dieser Gegend gewesen; hier haben die Schiffe ausgeladen, und die Waaren zu Lande bis nach dem Meer Aral geführt; woselbst man sie wieder in die Schiffe eingeladen, und nach Chiwa und andern dasigen Plätzen verführt habe.

## Zweytes Kapitel.
### Von dem Gebieth der Jaiker Kosaken und ihren Verfassungen.

Von dem ersten Ursprung dieser Jaiker Kosaken, ist zwar in der orenburgischen Historie, in der Anmerkung über den 70 §. Anzeige geschehen; inzwischen ist diese Historie schon im Jahr 1744, nach den Erzählungen einiger Jaiker Kosaken geschrieben: nachhero aber,

## Gouvernements. 43

aber, nämlich im November 1748 hatte ich Gelegenheit, mit dem wirklich Herrn Geheimenrath und Ritter Jwan Jwanowitsch Neplujew, mich einige Zeit in ihrem Städtchen Jaizkoi Kosatschei Gorodok aufzuhalten. Gedachtem Herrn Geheimenrath, ward vermittelst Ukasen aus dem Reichs Kriegs-Collegio, vom 9 December 1745 und 22 Jul. 1748 anbefohlen; genau zu untersuchen, auf welchen Fuß die Jaiker Kosaken sich gleich anfangs allhier niedergelassen; was ihnen dabey für Freyheiten und Gnadenbriefe sind ertheilet worden, und was sie sonst betreffen kann; und dem Collegio ein Bedenken zuzusenden, auf welchem Fuß sie künftig zu ihrem eigenen Vortheil zu halten seyn. Dies ist von besagtem Herrn Geheimenrath und Ritter Neplujew auch geschehen, wie solches aus der in Jaizkoi Gorodok den 22 November 1748 gemachten Verfügung zu ersehen ist.

Bey diesem meinem Auffenthalt in besagtem Städtchen, erzählte mir der damahlige Woiskowoy Ataman (Hauptmann) Ilja Grigorjew Merkurjew, wie die Rede auf den Ursprung dieser Kosaken kam, alles umständlicher und genauer, als es in vorerwähnter Beschreibung angeführet ist. Diese seine Erzählung verdient um destomehr Glauben; da nicht nur er, sondern auch sein Vater der Woiskowoy Ataman Grigorei Merkurjew, (der gegen 100 Jahr alt geworden, und im Jahr 1741 gestorben ist) aus Jaizkoi Gorodok gebürtig, und daselbst Oberbefehlshaber gewesen; folglich alle dasigen Umstände so genau gewußt haben, so daß man anjetzt schwerlich jemanden, der alles so genau weiß, finden wird, ausser den jetzigen Woiskowoy Atamann Andrei Borodin, welcher jedoch gleichfalls jene Erzählung in allen Stücken bestätiget hat.

Ehe ich also aus den bey der orenburgischen Gouvernements Canzeley vorhandenen Schriften, den gegenwärtigen

wärtigen Zustand dieser Kosaken beschreibe, so wird es nicht undienlich seyn: das anzuführen, was mir vorbemeldete Atamanen erzählet haben. Es kann dies zum Behuf einer etwa künftig abzufassenden nähern Erläuterung der Geschichte dieses Kosaken Heeres dienen.

Vorgedachter Ataman Grigorei Merkurjew, der, wie oben gedacht ist, gegen 100 Jahr gelebet hat, erinnerte sich von seiner Großmutter, die in seinen jugendlichen Jahren gestorben, nachdem sie ihr Alter gleichfalls über 100 Jahr gebracht hat, gehöret zu haben: sie habe ohngefähr im 20sten Jahr ihres Alters, ein sehr altes tatarisches Frauenzimmer gekannt, Namens Guggnicha, die ihr von dem Ursprung der jaiker Kosaken, und von ihren ersten Umständen folgendes erzählet habe.

Zu eben der Zeit da Temir Aksak, (nach der europäischen Benennung Tamerlan) mit einem unzähligen tatarischen Heer in verschiedenen Reichen eine Verwüstung anrichtete, (es muß dieß nach der von ihm vorhandenen Geschichte, gegen das Ende des 14 oder im Anfange des 15 Jahrhunderts geschehen seyn,) lebte ein gewisser donische Kosake Namens Wasilei Gugna. Dieser brachte gegen 30 dasige Kosaken, darunter auch ein Tatar war, auf seine Seite: zog mit ihnen aus von dem Don des Fischfanges wegen, oder, welches eher zu glauben ist, um sich vom Rauben und Stehlen zu nähren; er ließ zu dem Ende Böthe machen, und versorgte sich mit allem nöthigen Geräthe und übrigen Sachen. Anfangs zogen sie nach dem caspischen Meer, hielten sich den ganzen Sommer hindurch an den mit Schilf bewachsenen Ufern auf, und nährten sich vom Fischfang; worauf sie denn, wie sie bis an die Mündung des Jaiks gekommen waren, wo er in gedachtes Meer fällt, sich diesen Fluß hinauf begaben. Weil sie nun sahen, daß diese Gegenden unbewohnt und

und unbebauet waren, und Waldungen hatten; (es muß damals allhier viel Wald gewesen seyn, obgleich daſſelbe anjetzt sehr sparsam iſt,) ſo erwählten ſie dieſen Fluß und dieſe Gegenden zum Aufenthalt und Zufluchtsort. Wie ſie allhier den erſten Winter zugebracht hatten, begaben ſie ſich mit dem erſten offenen Waſſer in ihre Fahrzeuge, und giengen auf den Fiſchfang aus, wobey ſie auf der See bis ſpät in den Herbſt viele Fahrzeuge mit Waaren überfielen und plünderten: und gegen den Winter nach dem Jaik zurück kehreten. Nachdem ſie ſich nun auf die Art einige Jahre nach einander mit Rauben und Plündern abgegeben, zogen ſie von der Mündung des Fluſſes Jaik nach und nach immer weiter hin.

Zu eben der Zeit, da dieſe Koſaken an dem Jaik ihren Verkehr und erſten Aufenthalt hatten, ſtreiften die Tataren von der goldenen Horde zwiſchen gedachtem Fluſſe und der Wolga, wie auch jenſeit des Jaiks auf der Steppenſeite. Letztere wurden durch ein gewiſſes Gerücht: daß Tamerlan ſich entſchloſſen, bey ſeinem Rückzug aus Rußland, in ihre Horde einen Einfall zu thun, und ſie zu verheeren, in großen Schrecken geſetzt. Sie machten ſich alſo auf allem Fall zur Gegenwehr gefaßt, ließen ihre Pferde und Vieh nicht weit von ihren Kibitken, und hielten einige Pferde geſattelt ganz nahe bey den Kibitken. Ehe ſie aber noch zuverläßige Nachrichten von dem Tamerlan erhalten hatten; entſtand in der Horde ein Aufruhr und eine Verwirrung, dazu nach der Erzählung der Gugnicha ein geringer, unvermutheter und ſeltſamer Vorfall die Veranlaſſung gegeben hatte.

Es geſchahe in einer finſtern Nacht: daß ein geſatteltes, an einer Kibitke angebundenes junges Pferd, nicht zu wiſſen wodurch, ſcheu ward, und nachdem es ſich von der Kibitke loßgeriſſen, den Sattel von ſich warf,

warf, durch die Tabunen lief, und alle übrigen Pferde scheu machte. Hieburch wurden die Menschen in den Ulussen in Schrecken gesetzt; weil sie glaubten, daß ohnfehlbar ein Theil des Heers des Tamerlans einen Einfall gethan hätte. Sie griffen dahero insgesammt zu den Waffen; setzten sich auf ihre Pferde, und überfielen in der Dunkelheit der Nacht und in der Bestürzung Einer den andern; erregten ein Heulen und Schreyen, und richteten aus einem Irrthum und einer falschen Vorstellung unter sich selbst ein solches Blutbad an: daß einige tausend Mann umgebracht wurden. Wie es Tag ward, und sie erkannten, was für ein Verderben in ihren Ulussen, deren einige wenig, die andern viel gelitten, durch einen blinden Lärmen angerichtet worden, entrüsteten sie sich noch mehr Einer wider den andern, weil sie meyneten: es sey dies aus Vorsatz und Bosheit geschehen. Es kam also zwischen den Ulussen zu einem wirklichen Krieg, und ward noch mehr Blut vergossen; viele versteckten sich in entfernte Steppen-Gegenden, einige Stämme, oder Aimaki *) aber zogen nach dem Fluß Jaik. Unter den letztern befand sich auch gedachte Gugnicha, die sich mit ihrer Familie, so aus dreyen Brüdern, darunter der Jüngste ihr Mann war, und dreyen Schwiegerinnen bestanden, einige Zeit in der Steppe herumtrieben und zu Fuß bis an den Jaik kamen. Einer von den Brüdern hatte zwar Bogen und Pfeile bey sich; sie trafen aber kein Wild an, das sie hätten schießen können.

Der Hunger trieb sie dahero so weit, daß sie sich entschlossen, zwey von den Weibern zu schlachten und zu essen, worauf sie endlich nach unendlichen Beschwerden

*) Aus dieser Stelle ist deutlich, daß Aimaki so viel heißt, als Stämme, Geschlechte.

den an den Jaik kamen; wo sie für sich von geflochtenem Strauchwerk eine Hütte machten, und sich den ganzen Winter da aufhielten. Diese Hütte war nahe bey dem Ufer, allwo die drey Brüder eine Menge Wermuths antrafen, und gewahr wurden: daß der Jaik viele Fische habe; welches sie sehr erfreute. Inzwischen fehlte es ihnen an Netzen, und sie wußten nicht, wie sie die Fische bekommen sollten. Nachdem sie sich lange berathschlaget hatten, verfiel Gugnicha auf den Einfall: daß sie ihre langen Haare abschneiden, und daraus einen Sack, dergleichen die Netze haben, machen wollte. Und auf die Art bekamen sie so viele Fische, als zu ihrem Unterhalt nöthig war.

Obgleich die donnischen, oder vielmehr die ersten Jaiker Kosaken in der Nähe dieser Gegend ihr Winterlager hatten; so wußten dennoch weder sie, von der tatarischen Familie, noch auch diese von den Kosaken etwas; bis endlich der jüngste von den Brüdern, der Gugnicha Mann sich tiefer in die Steppe begab, in der Absicht, ob er nicht etwann von der sich getrennten Horde einige Pferde, oder sonst einige Sachen antreffen möchte. Er bat seine Brüder: sie möchten es in seiner Abwesenheit mit seinem Weibe nicht so machen, wie sie es mit den beyden andern gemacht, die sie geschlachtet und gegessen hätten; wenn sie es thäten, so wollte er sie beyde umbringen, und sich selbst hernach das Leben nehmen. Er nahm hierauf Pfeile und Bogen, und begab sich in die Steppe.

In der Abwesenheit dieses Tataren giengen einige von den Kosaken, ihrer Geschäffte wegen, im Walde auf Schneeschuhen, und entdeckten die tatarische Hütte, die sie genau betrachteten. Bald darauf kam auch der Gugnicha Mann nach Hause; brachte einige Pferde aus der Steppe, und erzählte von den Leuten mit

Schne-

Schneeschuhen, die er gesehen, mit vieler Verwunderung: er habe in seiner Jugend von alten Leuten gehört: es wären nicht sehr weit vom Jaik rußische Städte, Astrachan u. a. m.; die Russen hätten im Winter unter ihren Füßen Hölzer, womit sie im tiefen Schnee bequem gehen könnten; es müßten nothwendig da in der Nähe Russen seyn: dahero man sich je eher je lieber von da wegmachen müsse. Allein bald darauf wurden sie von den Kosaken überfallen; als welche die beyden ältern Brüder auf der Stelle erschlugen. Der jüngere Bruder, nämlich der Mann der Gugnicha versteckte sich zwar vor ihnen, wurde aber gegriffen, und gleichfalls umgebracht; sie steckten seine Kleider oben auf der Hütte auf, damit Gugnicha sie sehen sollte. Dieß geschahe in den ersten Tagen des Frühjahrs, da das Eis im Jaik auszugehen anfieng; und die Zeit ankam, da die Kosaken auf den Fischfang auszugehen pflegten. Bey dieser ihrer Abreise warfen sie um die Gugnicha das Loos, und setzten einen Preiß auf sie: daß dieser Preiß von demjenigen, dem sie durchs Loos zu Theil werden würde, bey künftiger Theilung der Beute abgezogen werden solle. Das Loos fiel dreymal nach einander einem gewissen Tataren aus ihrer Gesellschaft, worüber die übrigen, die sich eingebildet, daß es durch Zauberkünste geschehen, sich so sehr entrüsteten, daß sie diesen Tataren bey den Händen und Füßen griffen und in den Jaik warfen, wo er ertrank: die Gugnicha aber schenkten sie ohne weiteres Looswerfen an ihren Ataman Gugná.

Wie die Kosaken nun hierauf in die See giengen, nahm der Ataman diese Gugnicha mit sich, da sie denn alle ihre Handlungen zu bemerken Gelegenheit hatte. Zu diesen Kosaken gesellten sich einige von der goldenen Horde nachgebliebene Tataren, machten mit ihnen ein Bündniß, und giengen mit auf die See. Die Kosaken

## Gouvernements.

saken nahmen sich Weiber von den Tataren, ja einige so gar von den gefangenen Kalmyken, und zeugten mit ihnen Kinder, die sie nach einer barbarischen Gewohnheit, oder vielmehr aus einem gewissen Aberglauben, oder auch, wie andere meynen, weil es ihnen wegen des Geschreyes der Kinder nicht möglich war, vor ihren Feinden verborgen zu bleiben, auf einmüthigen Schluß, so bald sie zur Welt kamen, umbrachten. Diese tyrannische Gewohnheit währete bey ihnen wirklich einige Jahre, wie dessen noch itzt die Jaiker-Kosaken nicht in Abrede sind; jedoch mit dem Unterscheid, daß sie behaupten, es sey solches bloß mit den Mägdchen, keinesweges aber mit den Knaben geschehen.

Wie diese unmenschliche Gewohnheit bey ihnen noch allgemein war, hatte ein gewisser Kosak, Namens Tit Fedorow, dem eine Tochter gebohren war, sie auf Bitte seines Weibes und aus eigenem Erbarmen, bey sich gegen 2 Jahr versteckt gehalten. Als aber die andern solches erfuhren, und er diese seine Tochter nicht länger versteckt halten konnte; brachte er sie bey einer allgemeinen Versammlung des Volks in den Kreis und sagte: ob gleich bey ihnen ein Gesetz sey: daß alle junge Kinder umgebracht werden sollten; so habe er dennoch seine Hand an sein eigenes Blut nicht legen können: er stelle also nicht nur das unschuldige Kind, sondern auch sich selbst wegen Uebertretung des allgemeinen Spruchs der Versammlung dar, und erwarte sein Urtheil. Anfangs meyneten viele: es müsse so wohl Vater als Kind sterben, damit ihr Recht nicht gekränkt, und ihr Spruch nicht verletzt werde. Endlich aber behielt die Menschlichkeit bey dem mehresten Theil die Oberhand; sie wurden erweicht, und sprachen: Vater und Tochter sollen beym Leben bleiben. Und auf die

Orenb. Topogr. II. Th.   D   Art

Art behielt nicht allein der Kosak, Tit Fedorow, nebst seiner Tochter das Leben; sondern dieser wider die Menschlichkeit streitende Spruch ward aufgehoben, und einem jeden erlaubet, seine Kinder beym Leben zu lassen und zu erziehen.

Nach der Zeit vermehrten sich die Kosaken mehr und mehr, indem von dem Don und aus andern großreussischen Städten viele zu ihnen kamen; worauf sie denn auf einhelligen Rath zu ihrer Niederlassung anfangs einen Platz, in der Gegend, Koloworotmoje genannt, erwählten, der von ihren gegenwärtigen Städtchen, unterhalb des Flusses Jaik, 60 Werst abliegt. Allhier machten sie sich Erdhütten zu Wohnungen, und zogen rund herum einen kleinen Graben, zum Schutz wider ihre Feinde. Inzwischen sahen es die von der goldenen Horde nachgebliebene Tataren mit scheelen Augen an, daß diese Kosaken sich in ihren Gegenden niedergelassen; sie kamen also zu nächtlichen Zeiten in Böthen zu ihren Kibitken, überfielen sie, plünderten ihr Haab und Gut, schleppten ihre Weiber und Töchter in die Sclaverey, und richteten unter ihnen eine große Verwüstung an, indem sie sich öfters in großen Partheyen einfanden. Jedoch konnten sie die Kosaken nicht unter ihren Fuß bringen; denn ob sie sie gleich in ihrem Städtchen einschlossen: so machten diese sich doch Kanonen von Holz, bedienten sich an Statt der Kugeln, Steine, Knochen u. d. gl., und wehreten sich muthig. Da also die Tataren sahen, daß sie die Kosaken durch Gewalt nicht bezwingen konnten, versuchten sie ihren Endzweck durch Schmeicheley zu erhalten; indem sie dieselben auf alle Art und Weise beredeten, mit ihnen gemeinschaftliche Sache zu machen, und ihnen versprachen, daß wenn sie zu ihnen in ihre Horde kommen wollten, sie sie zu Mursen machen,

## Gouvernements. 51

chen, und ihnen einige Kibitken zum Besitz abgeben wollten. Allein die Kosaken traueten ihnen nicht, und wollten sich in nichts mit ihnen einlassen. Dahero denn die Tataren endlich, da ihnen alle Versuche fehl geschlagen waren, sich von diesen Gegenden wegbegaben, und die Kosaken in Ruhe und Friede ließen.

Nachdem nun letztere allhier einige Jahre gewohnet hatten, beschlossen sie, nach gepflogenem Rath, Abgeordnete an Sr. Majestät den Zaren und Großfürsten, Michaila Fedorowitsch, zu senden, Ihm ihre Umstände zu unterlegen, und zu bitten: Se. Majestät möchten allergnädigst geruhen sie in Seinen Schutz zu nehmen: sie wollten Sr. Majestät und dessen Nachfolgern ewig getreu dienen. Zu dieser Gesandtschaft erwählten sie zwo Personen, einen Russen und einen Tataren, die sie nach Moscau zu Sr. Zarischen Majestät schickten, als welche den Großfürsten im Namen der sämmtlichen Kosaken ihre Umstände unterlegten, und um Aufnahme in Schutz allerunterthänigst baten. Diese Bitte nahmen Ihro Majestät gnädigst auf, ließen ihnen unter Ertheilung eines Gnadenbriefes am Fluß Jaik eine Gegend einweisen, daß sie daselbst leben, und dem Großherrn getreu dienen sollten; nachhero ward ihre Anzahl durch die Ankunft verschiedener Einwohner von allerley Stande aus den großreussischen Städten sehr vermehret.

Nach der Zeit verließen die Kosaken die Gegend Koloworotnoje, und begaben sich nach einer andern Gegend etwas weiter hinauf, Oreschnoje genannt, 50 Werst von ihrem gegenwärtigen Städtchen. Von hier begaben sich ihrer gegen 300 Mann mit Böthen auf die See, ihr gewöhnliches Handwerk zu treiben: allwo sie 400 Mann donischer Kosaken antrafen, die

gleich-

gleichfalls deswegen ausgefahren waren. Mit diesen vereinigten sie sich, überfielen die persischen Handlungsfahrzeuge, plünderten die Dörfer, und richteten sonst allerley Verwüstungen an; worüber denn auch vom persischen Hofe viele Klagen einkamen. Se. Zarische Majestät schickten darauf nach dem Don und Jaik Befehle an ihre Atamanen: sie sollten besondere Leute abschicken, die sie von einem solchen Unfug abrathen, und ihnen andeuten sollten: sich dessen künftig zu enthalten, und sich bey Sr. Zarischen Majestät zur Abbitte einzufinden; zuförderst aber solle von dem Don der Woiskowoy Ataman Flor Minajew, und vom Jaik der Ataman Iwan Belousow nach Moscau kommen, als welche auf dieß Schreiben auch dahin abreiseten. Wie sie Sr. Zarischen Majestät vorgestellet worden, erhielten sie den Befehl, sie sollten sich beyde auf die See begeben, den Seeräubern zureden, und sie alle nach Moscau bringen. Diesem Befehl des Zaren gehorchten die Atamanen, begaben sich auf das caspische Meer, suchten die Seeräuber mit Guten zu gewinnen, und brachten sie mit denselben Böthen, womit sie auf dem Meer gefahren waren, längst der Wolga bis Nischnei Nowogrod. Von da wurden sie mit Fuhrleuten bis nach Moscau gebracht. Wie sie nach ihrer Ankunft in diese Stadt dem Großfürsten vorgestellet wurden, hatten sie ein jeder von ihnen ein Beil und einen Block, warfen sich vor Sr. Zarischen Majestät auf den Block, und baten um Vergebung, worauf ihnen die Todesstrafe erlassen ward; inzwischen aber wurden sie zur Arbeit auf 7 Jahr nach Pohlen, und unter Riga geschickt. Nach Verlauf dieser 7 Jahr bekamen einige auf ihr Verlangen Erlaubniß nach Hause zu reisen; die aber selbst hier bleiben wollten, denen wurden zu Niederlassung Plätze um Welikoi Luk eingegewiesen, und einem jeden ein Bauer zur Hülfe gegeben. Und auf die Art kann man den Dienst der Jaiker Kosaken in Pohlen und um Riga für ihren allererstenDienst halten.

Alles übrige, was mir die vorbemeldete Atamanen erzählet, stimmt mit dem überein, was in vorgedachter Anmerkung über den 70. §. der orenburgischen Historie angeführet ist, nämlich: um dieselbe Zeit brachte ein gewisser Jaiker Kosake, Namens Netschai, 500 Mann zusammen, und entschloß sich, mit ihnen nach Chiwa zu gehen: weil er glaubte, daß daselbst ein großer Reichthum sey, und er mit einer großen Beute zurück kehren würde. Mit diesen seinen Leuten zog er den Jaik hinauf, bis an die Gebirge, die jetzt Diakowi heißen, und von ihrem gegenwärtigen Städtchen den Jaik aufwärts 30 Werst abliegen. Hier blieb er stehen, und berathschlagte sich, nach kosakischer Gewohnheit, mit den andern: wie sie ihr Unternehmen am besten einzurichten hätten; er rieth ihnen, sie möchten jemanden aussuchen, der ihnen den geradesten und bequemsten Weg dahin zeigen könne. Wie sie sich nun darüber in einem Kreis berathschlaget, trat der Diak, oder Schreiber hervor, und sagte: ihr Unternehmen sey verwägen und unüberlegt; sie hätten einen unbekannten Weg in der Steppe vor sich; mit Proviant wären sie nicht genugsam versorgt; auch wären sie zu einer so großen Unternehmung an Mannschaft nicht zahlreich genug. Ueber diese Rede des Diaks entrüstete sich Netschai so sehr, daß er befahl, ihn auf der Stelle aufzuhenken, welches auch sogleich geschah. Diese Gebirge Diakowi haben von diesem Diak den Namen, und werden noch heutiges Tages die Djakowischen Gebirge genannt.

Netschai ließ sich also von einem Diak nichts aus dem Sinne reden, machte sich auf den Weg, und kam mit seinen Kosaken glücklich in Chiwa an. Der Chan von Chiwa war eben zu der Zeit mit seinem ganzen Heer nach andern Gegenden, Krieg zu führen, gezogen; und in der Stadt Chiwa war ausser Kindern und alten Leuten fast niemand nachgeblieben, dahero es ihn keine Mühe kostete, die Stadt einzunehmen, und sich aller Schätze zu bemächtigen. Die chiwischen Frauen schleppte er in die Gefangenschaft, von denen er Eine für sich nahm, und bey sich hielt. Wie dieß so gut ablief, blieb Netschai und seine Kosaken einige Zeit in Chiwa, übergab sich allen Lüsten, und dachte an keine Gefahr. Inzwischen aber gab ihm vorgedachte chiwische Frau, vermuthlich aus Zuneigung gegen ihn, den Rath: daß wenn er sein Leben retten wolle, er sich mit allen seinen Leuten aufs baldigste aus der Stadt wegbegeben müßte, bevor der Chan mit seinem Heer zurück käme. Diesem Rath gab Netschai zwar Gehör; allein er verzögerte seinen Abzug; und da er hiernächst viele und schwere Beute mit sich führte, so konnte er auch seine Reise nicht geschwinde fortsetzen. Der Chan hingegen kam von seinem Feldzuge bald zurück, erschrack, wie er sahe, daß seine Stadt ausgeplündert war, und setzte dem Netschai sogleich nach, den er auch nach einer Reise von dreyen Tagen bey dem Fluß Syrdarja antraf, wie die Kosaken über den Canal setzen wollten. Hier griff er sie mit einer solchen Wuth an, daß ob sich gleich Netschai mit seinen Kosaken tapfer wehrten, und eine Menge Chiwaner tödteten, erstere dennoch insgesammt niedergehauen wurden, ausgenommen drey oder vier Mann, die vom Schlachtfelde entflohen und den Jaiker Kosaken diese Niederlage hinterbrachten. Die Woissowoy Atamanen

*Gouvernements.*

nen fügten zu ihrer Erzählung noch dieß hinzu: es hätten die Chiwauer, nach diesem Vorfall, vorbemeldeten Canal, der aus dem See Aral in das caspische Meer gegangen, bey der Mündung dieses Meeres verstopft: damit man nicht inskünftige mit Fahrzeugen aus einem Meer in das andere kommen könne. Inzwischen will ich diesen letzten Umstand, da es mir an zuverläßigen Nachrichten fehlt, nicht für gewiß ausgeben, ich führe ihn allhier nur so an, wie er mir von gedachten Atamanen ist erzählet worden.

Nach Verlauf einiger Jahre, ließen sich die Jaiker Kosaken an der Mündung des Flusses Tschagan, nämlich an demselben Ort nieder, wo anjetzt ihr Jaizkoi Kasatschei Gorod liegt. Nachdem sie sich allhier festgesetzt, und eine Vermehrung von Leuten bekommen hatten, brachte einer von ihnen Namens Schamai, gegen 300 Mann zusammen, und faßte denselben Anschlag den Netscha: ehedem gehabt, nämlich: nochmals einen Versuch zu machen, nach Chiwa zu ziehen, und die Schätze von da abzuholen. Nachdem sie alle darinn eins geworden, zogen sie den Jaik hinauf bis an den Fluß Ilek, welchen Fluß sie einige Tage hinauf giengen und allda überwinterten, worauf sie sich den folgenden Frühling weiter begaben. In der Gegend der Steppe um Syr-Darja, trafen sie zween kalmykische Knaben an, die nach Wild ausgiengen, und Fanggruben gruben: indem die Kalmyken damals noch um die Syr-Darja ihre Streifzüge hatten. Diese Knaben wurden von ihnen fest genommen, und als Wegweiser gebraucht: die Kalmyken foderten sie zwar zurück; allein die Kosaken wollten sich auf keine Art zur Auslieferung verstehen. Hierüber entrüsteten sich jene und ersonnen folgende List: sie versammelten sich nämlich in

D 4      zahl-

zahlreicher Menge, und versteckten sich in einer Niedrigung; schickten hierauf zwey von ihren Leuten auf eine Anhöhe, und befahlen ihnen, daß sobald sie die Jaiker Kosaken sich nähern sähen, sie Erde graben, und durch Aufwerfung derselben das Ansehen geben sollten, als grüben sie Fanggruben. Sobald die vorderſten Kosaken dieſe gewahr wurden, glaubten ſie es wären Kalmyken die für die lange Weile Erde grüben, und sagten es ihrem Ataman Schamai, worauf ſie denn alle aus dem Lager zu ihnen kamen. Wie das die beyden Kalmyken ſahen, liefen ſie aus allen Kräften nach der Gegend hin, wo die übrigen von ihren Mitbrüdern ſich versteckt hatten, denen die Kosaken nachliefen, und also auf die versteckten Kalmyken ſtießen. Dieſe griffen jene sogleich an, nahmen den Ataman und einige von ſeinen Leuten feſt, und behielten den Ataman allein bey ſich, um die Auslieferung der bey ihnen befindlichen zweyen Kalmyken deſto eher zu bewirken. Allein dieſer antwortete ihnen, wie ſie darauf drungen, seine Landsleute hätten viele Atamanen, und brauchten ihn nicht, allein ſie brauchten anjetzt Wegweiſer, wobey es denn auch blieb; die Kosaken aber ſetzten ihren Weg weiter fort. Inzwiſchen kamen ſie nicht auf den Weg, über den Kanal von der Syr-Darja, den Netſchai vormals gezogen war, ſondern weiter hinauf nach dem See Aral zu. Hier litten ſie bey ihrer Ankunft einen großen Mangel an Proviant; denn da der Winter einfiel, konnten ſie nicht weiter kommen, und waren genöthiget, in der Gegend dieſes Sees den Winter über zu bleiben. Die Noth ward unter ihnen ſo groß, daß einer den andern umbrachte und verzehrete, die Mehreſten ſtarben vor Hunger; die Wenigen ſo übrig blieben, ſandten Abgeordnete zu den Chiwanern und baten: ſie mögten ſie zu ſich nehmen, damit ſie nur am Leben blieben,

ben, wozu sich die Chiwaner auch bewegen ließen, einige Abgeordnete ihnen entgegen sandten, und sie alle mit sich in ihr Land nahmen. Dieß war das Schicksal der 300 Jaiker Kosaken, die ausgezogen waren die Schätze von Chiwa zu holen. Was den Ataman Schamai anlanget, so ward derselbe nach Verlauf von einigen Jahren an die Kosaken ausgeliefert. Im Jahr 7198 wurden die Jaiker Kosaken nach Tschigirinsk commandirt; und von der Zeit fiengen sie an, auch die übrigen Dienste nach Ausschreibung und Aufböten ordentlich zu verrichten.

Alles oben angeführte ist nach den mündlichen Erzählungen der bemeldeten Woiskowoy Atamanen niedergeschrieben; anlangend aber dasjenige, was man von ihnen in den Canzeleyen antrifft: so ist nichts vorhanden, worauf man mit Grund bauen könne; ausser auf die den 22 Nov. 1748 zur Zeit, da der wirklich Geheimerath Neplujew bey ihnen war, gemachte Verfügung. In derselben heißt es ausdrücklich: es hätten die Jaiker Kosaken von ihrem ersten Anfang, nachdem schon eine so geraume Zeit verflossen, nichts zuverläßiges anzeigen können: indem sie so gar anjetzt unter sich wenige hätten, die schreiben könnten; die alten Urkunden aber, die sie gehabt, wären im Rauch aufgegangen. Sie hätten nur ein einziges Schreiben vorgezeigt, welches im Jahr 7192\*) an sie gesandt worden, und woraus erhelle: daß sie in den vorigen Jahren unter den Zaren und Großfürsten Michaila Feodorowitsch, Alexei Michailowitsch, und Feodor Alexejewitsch Dienste gethan hätten. Hiernächst ist auch in der Bittschrift welche diese Kosaken, zur Zeit da vorgedachter Geheimerath bey ihnen

\*) Von Erschaffung der Welt nach der rußischen Zeitrechnung.

ihnen war übergaben, angezeigt: sie hätten bey sich eine Abschrift von einem ehemahls abgelassenen Memorial gefunden. Diese Abschrift übergab der stanitschnoi Ataman Fedor Kraschceninikow, im Jahr 1720 dem Reichs Collegio der auswärtigen Sachen, und ist darinn folgendes angeführt: es hätten sich in alten Zeiten, ihre Vorfahren (dieß kann ohngefähr vor 200 Jahren gewesen seyn,) so freye Leute gewesen, und aus russischen donischen Kosaken, und Einwohnern aus andern Städten, desgleichen aus Crimern, Kubanern, und andern Mahomedanern bestanden, in allem gegen 40 Mann aufgemacht, und sich an dem Flusse Jaik in einer ebenen Gegend oreschná genannt, wo noch jetzt ein Flecken liege, niedergelassen. Allhier wäre eine große Menge Taraten von der goldenen Horde zu ihnen gekommen, und hätten begehret, sie sollten diese Gegend verlassen, und zu ihnen in die Horde kommen; sie wollten sie bey sich zu Mursen machen: allein ihre Vorfahren hätten dieß nicht thun wollen; worüber sich die Tataren so sehr entrüstet, daß sie dieselben belagert, und zu Tode hungern lassen wollen: inzwischen aber hätten sich jene gewehret, aus hölzernen Kanonen geschossen und die Tataren weggetrieben; auch hätten sie zween Abgeordnete nach Moscau, an den Zar und Großfürsten Michaila Feodorowitsch Glorreichsten Andenkens gesandt, und um Aufnahme in Schutz gebeten. Gedachter Zar und Großfürst hätte ihnen einen Gnadenbrief zugeschickt, und ihnen erlaubet: am Fluß Jaik und an den da herum liegenden Flüssen und Strömen, von dem Ursprung des Jaiks an bis an seine Mündung zu wohnen und das Land zu besitzen, wornächst sie Sr. Majestät als Kosaken dienen, und auf dem Fuß von freyen Leuten stehen sollten. Dieser Gnadenbrief sey in einem bey ihnen gewesenen Brande verlohren gegangen, und könne

könne sich niemand von ihnen besinnen, bey welchem Departement er ausgefertiget wäre. Von ihrem **Jaizkoi Gorodok** heißt es in eben derselben Verfügung: man habe keine zuverläßige Nachricht: zu welcher Zeit dieß Städtchen auf der jetzigen Stelle erbauet worden; da aber der ohnlängst verstorbene Woiskowoy Atamann **Grigorei Merkursew**, der über 100 Jahr alt geworden, in diesem Städtchen geboren und gestorben; und sein Vater ein samarischer Kosak gewesen, als welcher nach dem Jaik zu den dasigen Kosaken gekommen, die lange vor ihm allhier gewohnt hätten: so könne man nicht ohne Grund von Erbauung gedachten Städtchens, bis an das Jahr 1748 anderthalb hundert Jahr rechnen. Uebrigens ist in oft angeführter, von dem wirklich Herrn Geheimenrath und Ritter ausgegebenen Verfügung, die ich gleichfalls unterschrieben, angeführet: **Jaizkoi Kosarschei Gorodok** liege von **Orenburg** 269, und von **Samara** die an der **Wolga** belegen, durch die unbewohnte Steppe 230 Werst. Dieß Städtchen habe gegen 3000 Häuser, die größtentheils an dem alten **Jaik**, wo dieser Fluß ehedem seinen Lauf gehabt, und der **Stariza** genannt wird, desgleichen an dem Fluß **Tschagan**, der in den alten **Jaik** falle; und zum Theil an dem jetzigen **Jaik** diesseits aller dieser Flüsse erbauet wären. Sie habe damals 4 Kirchen gehabt, die fünfte eine Hauptkirche von Stein, mit des Erzengels **Michael** Namen habe unter dem Bau gestanden, und sey anjetzt völlig fertig. Die Straßen seyn mehrentheils so enge, daß zween Wagen sich kaum einander vorbey fahren könnten. Anlangend die Befestigung dieses Orts, so sey um denselben schon im Jahr 1744 von der einen Seite, vom Flusse **Tschagan** nach dem **Jaik** zu, ein doppelter Zaun von Flechtwerk gezogen, zwischen demselben Erde geschüttet, derselbe mit Pfählern befestiget, und der ganze Zaun von aussen mit Leim beworfen, rund herum aber ein Graben gezogen. Dieß alles sey von den von Orenburg dahin abgesandten Ingenieurs, so viel die Lage des Orts es zugelassen, nach Ingenieur Art gemacht, von den übrigen Seiten aber, sey dieß Städtchen von der Stariza und dem Fluß Tschagan eingeschlossen, und befinde sich durch diese Lage in einem ziemlich wehrhaften Stande. Die Aufbote und Dienste dieser Jaiker Kosaken von den vorigen Jahren, nämlich von dem Jahre 7191 an, sind in oft bemeldeter Verfügung besonders angeführt, und zugleich angezeiget: daß in den ersten Jahren, nämlich 1723 ihr Corps, laut dem von dem Obersten Sacharow gemachten Verzeichniß, an Aeltesten und Kosaken die in wirklichen Diensten gestanden, aus 3196 Mann bestanden; nach welcher Zeit ihnen verboten worden, neue Ankömmlinge auf zu nehmen. Uebrigens sind diese Kosaken, nach der von dem bemeldeten wirklich Herrn Geheimenrath Neplujew gemachten Einrichtung in 7 Regimenter eingetheilt; ein jedes Regiment bestehet aus 508 Mann, und also sind in allen 7 Regimentern 3556, mit den Woißkowoy Atamanen und übrigen zu ihnen gehörigen Beamten aber, 3572 Mann; deren nähere Verfassung allhier der Kürze wegen nicht beschrieben ist; indem von derselben, wie auch von dem ganzen Etat in oft angezeigter Verfügung, eine umständliche Beschreibung angetroffen wird. Ausser dieser von dem Sacharow gehaltenen Revision, ist auf Verfügung des Herrn Geheimenraths, eine neue Revision der Jaiker Kosaken gehalten; und von ihm ein Verzeichniß von allen nach selbiger ersten Revision zugekommenen Leuten, wer sie sind, und woher sie gekommen, an das Reichs-Collegium der auswärtigen Sachen, zur Beprüfung ein Aufsatz gesandt.

Zum Gebieth dieser Hauptstadt der Jaiker Kosaken, gehören noch zwey Korps Kosaken, nämlich:
das

## Gouvernements.

das eine oberhalb des Jaits, das iletische genannt; und das andere die Sakmara hinauf, so das sakmarische genannt wird.

Erstere, nämlich die Jleker Kosaken, wohnen in der Steppengegend des Flusses Jait ohnweit der Stelle, wo der Fluß Jlek von der Seite in den Jait fällt, und wo ehedem die räuberischen Kirgiskaisaken, über diesen Fluß zu gehen gewohnt waren, von Jaizkoi Gorodok 145, und von Orenburg 224 Werst. Für diese Kosaken ward von bemeldeten Herrn Geheimenrath, auf eine von demselben gemachte Verfügung vom 23 November 1748 ein Etat angefertiget; und nach demselben unter ihnen verordnet: ein Atamann, ein Jasaul, 5 Sotniken, (Hauptleute über 100 Mann,) 1 Schreiber, 424 Gemeine, darunter von den letztern jährlich 5 Chorunschi und 10 Sotniken erwählet werden müssen. Sie wurden insgesammt zur Zeit, da der Geheimerath Wassilei Nikititsch Tatischtschew Chef von der orenburgischen Commißion war, nach vorgedachter Gegend verlegt, und zum Gebieth der Jaiker Kosaken geschlagen; inzwischen dienen sie nicht mit ihnen gemeinschaftlich, ausser daß sie zugleich eine Vorpost besorgen; und werden zu besondern Diensten aufgeboten; auch stehen sie nicht in Sold, sondern nähren sich vom Ackerbau, von der Jagd und von der Fischerey, zu welchen allem sie in den dasigen Gegenden die völlige Freyheit haben.

Das zweyte, nämlich das sakmarische Corps ist schon 30 Jahr vor Erbauung der Stadt Orenburg von einigen Jaiker Kosaken vielleicht deswegen in der sakmarischen Gegend etablirt: weil selbige Gegend fruchtbar ist, und mehrere Waldungen hat, als die um Jaizkoi Gorodok; dahero auch die Jaiker Kosaken das nöthige Holz vor Zeiten von hier abhohlten;

wel-

welches ihnen jedoch anjetzt, seitdem Orenburg erbauet ist, ohne besondere Erlaubniß, zu thun nicht frey stehet. Das Städtchen, welches sie bewohnen, liegt auf der großen moscauischen Straße von Orenburg 29, und von Jaizkoi Gorodok 298 Werst. Es bestehet dieß Corps, nach der letzten Revision, aus 200 rußischen Kosaken, und 50 Mann von fremden Religionen. Sie, so wohl als die Ileker, thun mit den Jaiker Kosaken, wegen ihrer weiten Entlegenheit, keine gemeinschaftliche Dienste, sondern werden nach Orenburg zu verschiedenen Arbeiten aufgeboten. Ihren Unterhalt haben sie mehrentheils vom Ackerbau, indem die Gegend da herum, (wie oben gesagt ist,) dazu sehr bequem ist; sie auch Holz in der Nähe haben, welches sie bequem nach Orenburg ablassen können; wie sie denn noch sonst andere Vortheile zu ihrem Unterhalt genießen, besonders gegenwärtig, da sie für Bezahlung das Kupfererzt nach den Schmelzhütten hinführen.

Auſſer dieſen beyden Corps, nämlich dem ilekiſchen und ſakmariſchen gehören noch zwo Veſtungen zum Gebieth der Jaiker Kosaken: die Erſte, Kulagina genannt, liegt unterwärts des Jaits, 120 Werſt von Gurjew; die zweyte iſt oberhalb der inderiſchen Gebirge in der Gegend Kalmykow Jar, und hat von dieſer Gegend den Namen Kalmykow; ſie liegt 80 Werſt von Kulagina. Zwiſchen dieſen Veſtungen ſind Vorpoſten verordnet, um den räuberiſchen Kirgiſen und Kalmyken den Uebergang über den Jaik zu verwehren, und den Unfug abzuhalten, den ſie ſonſt zu begehen pflegen. Von dieſen Vorpoſten iſt allhier nachfolgendes Verzeichniß, nebſt der Anzeige, wie weit der Eine von dem andern abliegt, angeſchloſſen.

## Gouvernements.

|   |   | Entfernung. | |
|---|---|---|---|
|   |   | Von Orenburg. | Ein Ort von dem andern. |
| 1 | Gurgew an der Mündung des Flusses Jaik, der ins caspische Meer fällt | 744 | |
|   | Dazwischen sind folgende Vorposten: | | |
|   | 1. Saratschikow | 685 | 59 |
|   | 2. Jamanchalinskoi | 665 | 20 |
|   | 3. Baksajew | 651 | 14 |
|   | 4. Topolewoi | 627 | 24 |
|   | 5. Selenoi Kolok | 611 | 16 |
| 2 | Kulagin Gorodok | 590 | 21 |
|   | 6. Grebenschtschikow | 571 | 19 |
|   | 7. Kosch Jaik | 555 | 16 |
|   | 8. Charkik | 543 | 12 |
|   | 9. Krasnoi Jar | 527 | 16 |
| 3 | Kalmykow Gorodok | 512 | 15 |
|   | 10. Kotelnoi | 497 | 15 |
|   | 11. Antonow | 479 | 18 |
|   | 12. Kamennije Oreschki | 456 | 23 |
|   | 13. Socharnoi | 441 | 15 |
|   | 14. Mergenew | 408 | 13 |
|   | 15. Sundajew | 385 | 23 |
|   | 16. Kaschacharow | 363 | 22 |
|   | 17. Bubarin | 348 | 15 |
|   | 18. Kosch. Jaik | 326 | 22 |
|   | 19. Tschaganskoi | 304 | 22 |
| 4 | Stadt Jaik | 269 | 35 |
| 5 | Ilek | 124 | 145 |

Dieß

Dieß Verzeichniß gehet von dem bey der orenburgischen Historie beygedruckten Verzeichniß in etwas ab; inzwischen verdienet jenes mehreren Glauben: indem im Jahr 1759 zur Zeit da der Woiskowoy Ataman Andrey Borodin in Orenburg war, er daselbe nebst dem Woiskowoy Djak, (Schreiber) Sujetin nachgesehen hat. Diese haben mit den bey ihnen gewesenen Aeltesten, sowohl alles vorangeführte, als auch was noch folget, nach einigen wenigen gemachten Verbesserungen bestätiget. Hiernächst muß man auch dieß wissen, daß einige Vorposten, die in dem ersten Verzeichniß stehen, ganz aufgehoben sind, und nach Gurjew Gorodok ein näherer Weg angelegt ist.

Die Jaiker Kosaken thun gegenwärtig wirkliche Dienste, in gedachten zwoen Festungen und auf den Vorposten. Es lösen sich alle Jahr tausend Mann ab und in Gurjew stehen 100 Mann, die sich mit der dasigen Besatzung ablösen. Bey ausserordentlichen Vorfällen aber, werden alle die in Diensten sind zur Besatzung der Vorposten, und wo es sonst nöthig ist, aufgeboten: indem ausser diesen, die Anzahl der zum Dienst Untüchtigen und Abgedankten, noch sehr groß ist; und ihre Stadt in dem Fall, wenn alle in wirklichen Diensten stehende aufgeboten werden müssen, nicht ohne Einwohner bleibt. Was die Besoldung, die diese Jaiker Kosaken bekommen, anlanget; so ist in den vorigen Ukasen anbefohlen: daß dazu alle Jahr an das Reichs-Kriegs Collegium, 4138 Rubel ausgezahlet werden sollen. Ausserdem sind ihnen jährlich 1598 Tschetwerte *) Roggen bestanden, an dessen Stelle sie den Werth, nach dem was der Roggen in Sakmara gilt, zu 6 bis 700

ja

---

*) 15 Tschetwerte machen eine Last, oder 45 Löse Roggen, rigisch Maaß. Ein Tschetwert hält 8 Tschetwerike.

ja zu 1000 Rubel, und bisweilen noch mehr bekommen. Auch haben sie von den sinbirskischen Kron=Brandweinbrennereyen, alle Jahr hundert Eimer Brandwein; welches alles eine Summe von 5000 Rubel ausmacht. In einer von diesen Jaiker Kosaken, den 12 September 1758 an die orenburgische Gouvernements Canzeley übergebenen Nachricht ist angezeigt: sie bekämen, laut Ukasen des Reichs Kriegs=Collegii, nach der, von dem Obersten Sacharow gehaltenen Revision, für 3196 Mann an Sold 1500 Rubel, und auf jeden Mann ein Osinin (der achte Theil vom Tschetwert) Roggen. Von diesem Solde bekämen die, so in wirklichen Diensten stünden, die Atamanen und Aeltesten mit gerechnet, die Person nicht mehr denn 60 Kopeken. Die übrigen Gelder würden vom Reichs Kriegs=Collegio, zur Belohnung, der in der allgemeinen Versammlung ankommenden Atamanen, Aeltesten, und Kosaken, die vom Heer nach ihren Verdiensten, nach Moscau und St. Petersburg gesandt würden, verwandt. Dieser Versammlungen wären des Jahres vier: Die Erste die Winterversammlung, wozu für den Woiskowoi Ataman und dessen Gefolge, 1217 Rubel 41½ Kopeken festgesetzt wären: die übrigen hießen kleine Versammlungen, und wären für sie 2146 Rubel ausgemacht, so daß alles eine Summe von 3363 Rubel 41½ Kopeken betrage. Von den übrig bleibenden Geldern, würden für die Atamanen zu ihrem Unterhalt; für die Aeltesten aber Säbel, Fahnen, u. d. g. gekauft. Ob nun gleich nach dem, von dem oftgedachten wirklich Herrn Geheimenrath entworfenen Etat, der Sold dieses Jaikischen Heers vermehret, und zu 7921 Rubel 41½ Kopeken, und darunter für 3500 Mann Gemeine, für jeden ein Rubel funfzig Kopeken des Jahrs angesetzt ist; so ist jedoch dieser Etat noch nicht bestätiget.

Der Sold, den die Jaiker an Gelde bekommen, macht lange so viel nicht aus, daß sie sich davon unterhalten könnten. Ihr Hauptnahrungs-Gewerbe bestehet in dem Fischfang, den sie Bagrenje nennen\*), und der den in wirklichen Diensten stehenden Kosaken, ausschlußweise erlaubt ist, woran die Abgebankten und Untüchtigen zum Dienst, keinen Antheil haben. Inzwischen kann ein dienender Kosak, seinen Bagor oder sein Recht zum Fischfang, an einen Abgebankten, oder minderjährigen, nämlich einen solchen, der noch keine Dienste thun kann, verkaufen; nur muß es ein Jaiker Kosak, und kein fremder seyn: indem ein Fremder zu der Bagrenje nicht zugelassen wird; auch kann niemand auf seinen Theil zwey Bagri haben, ausgenommen der Woiskowoy Ataman. Es bekömmt bisweilen ein einziger Kosak, während der Zeit da der Fischfang erlaubet ist, 20 bis 50 und bisweilen noch mehr Störe und Belugen, und löset daraus 20 bis 30 Rubel und mehr: welches für ihn schon eine gute Einnahme ist. Auf was Art und Weise diese Bagrenje geschieht, solches ist im ersten Theil; da von den Belugen und Stören gehandelt ist, angezeigt: daher es allhier zu wiederholen unnöthig ist. Uebrigens findet man, von diesen und andern Nahrungsgewerben der Jaiker Kosaken, in oben bemeldeter Verordnung des wirklichen Herrn Geheimenraths, eine kurze Beschreibung, die allhier von Wort zu Wort eingerücket wird. Es heißt bey ihm also:

Dieß ganze Heer (die Jaiker Kosaken, die Woisko genannt werden) hat seine Versorgung und Unterhalt,
und

---

\*) Dieser Bagrenje ist im 1sten Theil, wo von den besondern Gattungen von Fischen im orenburgischen Gouvernement gehandelt ist, beschrieben.

und alles, was er braucht vom Fischfang im Jaik. Sie fahren auf dieß Gewerbe, aus ihrer Stadt des Jahrs viermal, nämlich: 1) im Frühjahr, im April und May, und dauret der Fischfang bis Juli. Wenn sie von hier zurück kommen, reisen sie nach Samara und Sysran, und versorgen sich mit Proviant. Denn es giebt um Jaizkoi Gorodok keine Kornfelder; und es kann wohl schwerlich hier Korn wachsen: indem der Boden trocken, leimigt oder sandig, und also zum Korntragen untauglich ist. 2) den 1 October fängt bey ihnen der sogenannte Herbstfang an, und dauret 4 Wochen. 3) Vom 25 November an fischen sie mit Netzen 3 Wochen lang. 4) Vom 1sten Jan: gehet die so genannte Bagrenje an, die bis den 1sten Merz währet; worauf sie abermals nach vorgedachten Städten, nach Brod und andern Bedürfnissen reisen. Die Stelle, wo dieser Fischfang zu allen bemerkten Zeiten geschieht, fängt sich an nicht weit von ihrem Städtchen, (unter welchem queer über den ganzen Jaik, ein Urschug, das ist eine Wehre angelegt ist, daß die Fische nicht den Jaik hinauf entkommen können, und erstreckt sich den Fluß hinauf über 500 Werst. Da nun die Jaiker Kosaken, wenn sie auf den Fischfang ausgehen, ihr Gewehr bey sich haben, und sich zwischen den Vorposten befinden: so ist eben dieß ihr Gewerbe ein Mittel, zur Vorsicht gegen alle etwanige Gefahr. Zur Zeit ihrer Abwesenheit, lassen sie zu mehrerer Vorsicht, und zur Besetzung der Wachen, in der Stadt 300 Mann, die in Diensten stehen, ausser den Abgedankten, Minderjährigen, und solchen, die gutwillig zu Hause bleiben wollen. Ausserdem gehen ihrer zur Herbstzeit, gegen 500 Mann und mehr auf die Jagd, und erlegen in den Steppengegenden Füchse, Wölfe, Korsaki (kleine Füchse,) und Kabani (wilde Schweine,) womit sie sich auch was verdienen; einige von ihnen besuchen die Jahrmärkte in Orenburg.

burg, und treiben Handel und Wandel, so weit sich ihr Vermögen erstreckt. Zu dieser allgemeinen Beschreibung kann noch dieß hinzu gefüget werden: daß die von ihnen auf die Art gefangenen Fische, im Winter frisch; im Sommer aber eingesalzen, wozu sie besonders ihre Sewrjugi (eine Art von Sterletten) nehmen; wie auch der von ihnen genommene zubereitete Roggen, (Caviar*) und Fischleim, alle Jahr in großer Quantität nach Moscau, und andern Großreußischen Städten geführt wird, und daß zu dem Ende eine Menge von Kaufleuten, aus verschiedenen Großreußischen Städten im Winter, und besonders zur Zeit der Bagrenje dahin gefahren kömmt. Ob sie nun gleich selbst bey sich kein Korn bauen, so ist dennoch wegen der starken Zufuhre die sie haben, sowohl Getränke als alles andere, bey ihnen nicht theuer. Salz kostet ihnen kein Geld, da sie es aus den inderischen und gräfnischen Salzseen, die im ersten Theil beschrieben sind, umsonst haben. An Pferden und Heerdvieh leiden sie auch keinen Mangel; daher ihrer viele ober- und unterhalb des Jaiks, wie auch an den in ihn fallenden Flüssen, ihre Chutoren haben. Unter andern halten einige, besonders die zu ihrem Corps gehören, eine ziemliche Anzahl von Kameelen, von denen sie die Wolle abscheren, dieselbe von ihren Weibern spinnen, und daraus das sogenannte Armäk weben lassen. Diese ihre Armäken, kommen an Güte den englischen Kamlotten bey. Würde man sich befleißigen, diese Wolle besser zu reinigen und zu spinnen, als es bisher geschehen; die Armäken breiter zu weben, und sie nach europäischer Art zu färben, so könnten sie mit der Zeit eine reiche Manufactur abgeben: indem

---

*) Die beste Sorte von Caviar, nennen die Russen von dem Fluß Jaik, Jalzkaja Itra.

## Gouvernements.

indem allhier eine Menge von Kameelen, und folglich sehr viel von ihrer Wolle ist. Inzwischen haben sich bis nun zu weder in Jaizkoi Gorodok, noch in Orenburg welche gefunden, die sich damit hätten abgeben wollen. Es werden die Armäken, davon jedes Stück 20 Arschin lang, und etwas über eine halbe Arschin breit ist, zu drey bis 5 Rubel das Stück verkauft. Gärten und allerley Früchte und Garten-Gewächse haben sie die Menge; allein sie könnten weit mehrere Gärten anlegen, und mehr Früchte haben, wenn nur die Einwohner von Jaizkoi Gorodok, mehr Fleiß und Mühe anwenden wollten: denn das Clima ist bey ihnen ungleich wärmer, als um Orenburg. An Holz, so wohl zum Bau als zum Brennen, haben sie einen Mangel; sie bekommen das Bauholz aus entlegenen, und größtentheils aus den oberhalb des Jaiks, und der Sakmara belegenen Gegenden, wie schon oben gedacht ist. Der Umfang des ganzen Jaiker-Gebieths, kann am füglichsten folgendermaßen bestimmet werden, nämlich: es beträgt die Länge von ihrem untersten Vorposten an, Sorotschik genannt, der von Gurjew 59 Werst abliegt, den Jaik hinauf bis Ilezkaja Krepost eine Strecke von 560 Werst. Nach der bucharischen, das ist nach der Steppen-Seite zu, können sie sich sehr wenig ausbreiten; weil den Kirgis-Kaisaken daselbst ihre Züge zu haben erlaubet; ja so gar diesen Jaiker Kosaken, laut Befehl vom Collegio der auswärtigen Sachen, vom 11ten August 1759, sich nach der Seite hinzubegeben verboten ist. Da hingegen die Gegenden zur Rechten des Jaiks, wo auch ihr Jaizkoi Gorodok liegt, von ihnen nebst allen mit denselben verbundenen Vortheilen, so viel ein jeder davon braucht, unverweigert genutzt werden: weil das daselbst angrenzende Land wüste ist, und in der Nähe keine andern Wohnungen sind; dahero man ihnen auch von dieser Seite keine Grenzen setzen kann, woran benn auch nicht viel gelegen ist.

## Drittes Kapitel.
### Von der Nieder-Jaikischen Distanz.

Nachdem wir also das Gebieth der Jaiker Kosaken beschrieben haben; so ist es wegen der Grenze und Ordnung nöthig: daß nunmehr die Nieder-Jaikische Distanz beschrieben werde: indem sie 25 Werst von dem im 2ten Theil beschriebenen Jlezkaja Gorodok abliegt, und sich den Jaik hinauf bis tschernoretschenskaja Krepost, die nur 18 Werst von Orenburg abgelegen ist, erstrecket. Es begreift diese Distanz folgende 6 Vestungen.

1) Rasypnaja am Fluß Jaik, liegt von Jlezkoi Kosatschei Gorodok 25, und von Orenburg unterwärts 101 Werst. Anfangs hatten sich allhier gegen 100 Familien Kleinreussen, aus eigenem Trieb niedergelassen; da aber die Kirgis-Kaisaken im Jahr 1743, 82 Personen von ihnen an Männern und Weibern, die ohne Gewehr auf dem Felde waren, und Roggen schnitten, überfallen, und mit sich in die Gefangenschaft geschleppt hatten; diese Kleinreussen sich also in einer Gegend, in deren Nachbarschaft die Kirgisen streiften, und in vorigen Zeiten zu mehrerenmalen auch allhier räuberische Einfälle gethan hatten, nicht sicher hielten, da sie schwach waren, und sich zu wehren sich ausser Stande befanden; so zogen einige nach der Ukraine zu ihren alten Wohnsitzen; die andern aber begaben sich von freyen Stücken nach dem Fluß Kinel, und ließen sich hier nieder; von welchem ihrem Auffenthalt, im folgenden

## Gouvernements.

genden Kapitel wird gehandelt werden. Nachdem die Kleinreussen von hier weggezogen waren; so ward in diese Vestung eine Compagnie Dragoner, und anderthalb Compagnien Fußvolk, zur Besatzung eingelegt. Diese Gegend hat vor allen andern Gegenden dieser Distanz viele Seen, darinn ein Ueberfluß von Fischen ist; auch ist hier viel Wiesenland, und der Boden zum Korntragen sehr gut. In der Vestung sind 100 Häuser, und eine Kirche die den Namen Petri und Pauli hat.

2) Nischnaja Osernaja, hat ihren Namen von den vielen umher belegenen Oseri, (Seen) nischnaja (Nieder) aber ist sie benannt worden, weil oberhalb des Jaiks eine Vestung ist, die auch Osernaja heißt; von welcher unten bey Beschreibung der Krasnogorischen Distanz wird gehandelt werden. Diese Nischnaja Osernaja ist im Jahr 1754 erbauet. Sie hat keine regulaire Besatzung; sondern es sind hier bloß Kosaken aus berdskaja Sloboda, und einige ins Elend Verwiesene, die sich selbst ihren Unterhalt verschaffen, eingelegt. Ihre Entfernung ist von Rasypnaja Krepost den Jaik hinauf 19, und von Orenburg unterwärts 82 Werst. Es sind hier 150 Häuser. Der große Weg nach Jaizkoi Kosatschei Gorodok, folglich auch die zu den Jaiker Kosaken bis Gurjew zu, errichtete wöchentliche Post, gehet von Tatischtschewa Krepost, die von hier den Jaik hinauf 28 Werst abliegt, über diese und vorangeführte Rasypnaja Krepost.

3) Gatischtschewa, oder Tatischtschewskaja Krepost, liegt von Orenburg, den geraden Weg 54 Werst. Sie ward zu der Zeit, da noch der Staatsrath Kirilow bey der orenburgischen Expedition war, an der Mündung des Flusses Kamysch-Samara angelegt. Es entspringt dieser Fluß aus dem Uralschen Syrt; liegt weniger als zehn Werst von der Samara, die auf der ganzen Seite dieses Syrtes, oder

Gebirges, ihren Lauf hat, und fällt in den Jaik; dahero auch diese Vestung zu den Zeiten des Kirilows, Kamysch Samara genannt ward. Man hatte damals die Absicht, zur Bequemlichkeit der Stadt Orenburg von der einen Seite, beym Ursprung des Flusses Samara eine Vestung, und allhier zur Einlegung des Proviants und allerley Geräthschaft Magazine anzulegen: um die Waaren aus der Wolga längst der Samara, bis an selbige Vestung zu Wasser zu führen, und sie von hier zu Lande über den Syrt, bis an den Jaik (welcher Weg zu Lande nicht mehr als 18 Werst ausmacht) zu transportiren. Bey der Mündung vorbemeldeter Kamysch Samara, sollte eine andere Vestung und ein Stapelort angelegt, und von hier alles Nöthige nach Orenburg, den Jaik herab gesandt werden. Wie der Geheimerath Wasilei Nikititsch Tatischtschew, bey der orenburgischen Expedition als Chef angekommen war, hatte er eben die Meynung und denselben Vorsatz; er erbauete dahero nach geschehener Besichtigung dieser Gegenden, bey der Mündung der Kamysch-Samara, eine nicht kleine regulaire Vestung, nebst einem Graben und Wall, (als welche, wenn man von Orenburg reist, eine Werst von der Vestung zu sehen sind) und nennte sie nach seinem Namen Tatischtschewa Pristan, (Stapelort). Wie nachhero der General-Lieutenant, Fürst Wasilei Alexewitsch Urusow, nach vorgedachtem Herrn Geheimenrath, das Directorium über die orenburgische Commißion bekam, genehmigte er nicht nur alle diese Entwürfe seiner Vorweser, sondern war so gar der Meynung: daß er in der Kamysch-Samara Schleusen anlegen, und dadurch diesen Fluß breiter machen, und vertiefen wollte: um dadurch die Fahrt zu Lande, zwischen demselben und der Samara näher zu machen. Da es sich aber aus den angestellten Proben zeigte: daß die

die Fahrt auf der Samara, wegen der vielen Untiefen und Krümmungen sehr beschwerlich sey; und man bis ganz hinauf auch so gar mit kleinen Böthen in einem Sommer nicht hinkommen könne; so stand man von diesem Entwurf über die Communication mit vorbemeldeten beyden Flüssen ab. Inzwischen ist diese Vestung bis itzo unter dem Namen Tatischtschewaja Pristan, in ihrem Wesen geblieben, und ist unter allen die von Orenburg den Jaik herab liegen, die Hauptvestung, wo der Commandeur von dieser Distanz, jederzeit sich aufzuhalten pflegt. In dieser Vestung, liegt eine Besatzung von anderthalb Compagnien regulairer Mannschaft, und 50 Mann in Sold stehender Kosaken. Sie hat 200 Häuser, und eine Kirche zur Verkündigung Mariä. Ihre gegenwärtigen Vestungswerke bestehen, so wie bey allen andern Plätzen dieser Distanz in einer Verhöhung, auf welcher Batterien angelegt, und Kanonen gepflanzt sind. Die große Poststraße von Orenburg hierher, gehet von hier nach zwoen verschiedenen Seiten. Die eine gehet über Uralskoi Syrt (das uralsche Gebirge) nach der Stadt Samara, die an der Wolga liegt, und nach den dasigen rußischen Wohnplätzen; die andere aber liegt, wie oben gedacht ist, zur linken nach Jaizkoi Kosatschei Gorodok, nach Gurjew und Astrachan. Ihre Entfernung von andern Städten und Vestungen, ist folgende, nämlich: von Orenburg 54 Werst; von Tschernoretschenskaja Krepost den Jaik hinauf 36, von Osernaja unterhalb des Jaiks 28, von Rasypnaja 47, von Perewoloz̧kaja über den uralschen Syrt 20; und von Nowosergijenskaja 65 Werst. In Absicht dieser Vestung ist auch dieß zu merken: daß bis an das Jahr 1744 allhier, gegen 100 Familien Kleinreußen gewohnt haben, allein man verfuhr mit ihnen sowohl ihrem eigenen Verlangen nach, als auch auf eine von dem dirigirenden Senat, gemachte besondere Verfügung eben so, wie man es mit denen, die in Rasypnaja Krepost sich einige Zeit aufgehalten, gemacht hatte.

4) **Tschernoretschenskaja Krepost**, liegt von Orenburg die Sommerstraße über die Gebirge 28; den Winter-Weg aber in der Niedrigung nur 18 Werst; jedoch kann man auch im Sommer, wenn das Wasser allenthalben gefallen ist, letztern Weg fahren. Da diese Vestung unterhalb der Mündung der Sakmara liegt, und eine vortreffliche Situation hat; so kam man zur Zeit des wirklich Herrn Geheimenraths, Iwan Iwanowitsch Neplujew, bey der Berathschlagung über die Erbauung der Stadt Orenburg, auf die Gedanken, selbige Stadt auf dieser Stelle zu erbauen, und zwar, weil alles zum Bau nöthige Holz, den Fluß Sakmara herab, gerade hieher geschafft werden könne; an Statt dessen, daß dasselbe anjetzt am Strande der Sakmara abgeflößt, und 6 bis 7 Werst zu Lande geführet werden muß. Da aber die Gegend allhier von dem Fluß Jaik ab, in einer ziemlichen Strecke niedrig, und Ueberschwemmungen ausgesetzt ist; folglich im Frühjahr die Fahrt sehr beschwerlich; hiernächst der Handel mit den Kirgisen und mit den asiatischen Nationen, der wegen verschiedener Ursachen, jenseit des Jaiks getrieben werden muß, 10 Werst von der Stadt entfernet seyn würde: so ist die Stelle, wo gegenwärtig Orenburg stehet, andern vorgezogen worden. Sie heißt die Tschernoretschenskische Vestung von dem Fluß Tscherna, der da nahe vorbey fließt, und nach der Seite von Orenburg, in den sogenannten Tulupow Jerik fällt; die Jerik aber ergießt sich in den Jaik. Die Besatzung so wohl an regulairer Mannschaft als an Kosaken, ist der Anzahl nach eben so stark, als die in Tatischtschewaja Krepost. Sie hat gegen 200 Häuser und eine Kirche, mit Namen die Mutter Gottes

Gottes von Kasan. Allhier haben eben so wie in Ta-
ritschtschewaja Krepost, eine Zeitlang Kleinreussen
gewohnet, mit denen man eben so, wie mit jenen verfahren hat.

5) Perewoloskaja Krepost, liegt von Orens-
burg über Tatischtschewa Krepost 78, den geraden
Weg durch die Steppe aber nicht mehr als 60 Werst;
und ist oberhalb des Flusses Samara die in die Wolga fällt, erbauet. Sie hat den Namen von der allda
verordneten Niederlage, und Ueberfahrt über den Jaik,
davon oben gedacht ist. Die Besatzung an diesem Ort
an regulairer Mannschaft und an Kosaken, ist eben so
stark als in den übrigen samarischen Vestungen. Man
zählet hier gegen 100 Häuser; auch ist hier eine Kirche
mit Namen der hochwürdige Jefrem Syrin. Diese
Vestung gehörte ehedessen zum Gebieth des Befehlsha-
bers von der samarischen Distanz; da sie aber nach
dem Jaik zu, von tatischtschewa Pristan nur 20
Werst; hingegen von sorotschinskaja Krepost, wo
sich der Befehlshaber von der samarischen Distanz
aufhält, gegen 80 Werst abliegt; so ward sie sowohl
dieserwegen, als besonders wegen der nahen Lage am
Jaik, und nach der Kirgiskaisakischen Steppe;
(weswegen diese Vestung vor allen übrigen Vestungen
der samarischen Distanz, ihren räuberischen Streifereyen am meisten ausgesetzt ist) zu der Nieder-Jaikischen Distanz gezogen. Sie liegt von dem Ursprung
der Samara gegen 100 Werst; allwo die Gegenden
wüste sind, und wo man wenige Waldungen antrifft;
inzwischen sind hier sehr gute Viehtriften; dahero
auch die orenburgischen Kosaken, ihre Hütungen
allhier haben.

Uebrigens muß man wissen: daß die Fuhren mit Kauf-
manns-Waaren, und mit Proviant von der Stadt Samara, im Sommer gerade über die Gebirge Ural, durch

die

die Steppe nach Sakmara ihren Weg nehmen, indem sie Tatischtschews Pristan, und Tschernoretschens-kaja Krepost zu Rechten lassen: denn dieser Weg ist nicht nur näher, sondern sie kommen auch, ausser dem gedachten Ort sonst über kein Gebirge. Da hingegen ist der Weg über gedachte Vestungen, und längst dem Jaik sehr bergicht. Im Winter aber fahren sie über diese Vestungen; weil jener Weg keine Waldungen hat, und öde ist. In dem ganzen Bezirk dieser Distanz, säen die Einwohner bloß Sommerkorn. Anfänglich säeten sie zwar auch Roggen; allein sie ließen es nach, weil sie sich einbildeten: er komme bey ihnen nicht fort. Ich aber glaube: daß hieran bloß die Trägheit und Schläfrigkeit der Einwohner Schuld ist: Denn man findet viele Gegenden, besonders um Perewoloskaja Krepost, diesseits und jenseits des Urals, die einen fetten Boden und schwarze Erde haben, und wo vortreffliche Wiesen sind.

## Viertes Kapitel.
### Von dem stawropolischen Gebieth, dessen Umfang, und den übrigen dieß Gebieth betreffenden Umständen.

Im ersten Theil dessen 4ten Kapitel ist bey Erwähnung der im orenburgischen Gouvernement befindlichen Kalmyken, umständlich beschrieben: wenn sie zuerst sind getauft worden, und was für Gegenden ihnen anfangs zu ihrer Niederlassung angewiesen sind. Es ist daselbst gezeiget, welcher Gestalt im Jahr 1737 mit Genehmigung des Reichs-Collegii der auswärtigen Sachen, für sie nahe bey der Wolga eine Vestung

stung angelegt ist, die den Namen Stawropol bekommen: wie auch, was für ein Bezirk damals zu dieser Vestung gezogen worden, um den Kalmyken ihre Wohnsitze einzuweisen. Ich will also das, was schon gesagt ist, allhier nicht wiederholen, sondern bloß dasjenige anführen, was zur Ergänzung selbiger Beschreibung dienen kann.

Stawropol, liegt von Orenburg 505, von Samara 83½, und von Sinbirsk gegen 100 Werst. Sie ward im Jahr 1738 an dem aus der Wolga, den Strom herab zur linken ausgehenden Arm erbauet. Dieser Arm nimmt einen Bezirk von zwoen Wersten ein, und gehet wieder in die Wolga. Er ist 50 Faden breit, und formirt eine Insel von einer ziemlichen Größe, die Waldungen hat. Ehedem war er, wegen der wolgischen Räuber, die ihre Zuflucht hieher zu nehmen gewohnt waren berüchtigt, und ward Kunjei Woloschkoi genannt. Der Stadt Stawropol gegen über jenseits der Wolga, liegt der so genannte Jungfernberg, der der höchste unter allen übrigen Bergen, unterhalb dieses Flusses seyn soll. Es entspringen aus ihm viele Quellen, darunter einige süßes, andere salziges Wasser haben. Die Stadt Stawropol ist mit Pfahlwerk eingeschlossen, und hat drey Thore; der Umfang des Pfahlwerks beträgt 876 Faden. Es sind nicht nur in dem Bezirk des Pfahlwerks, sondern auch ausserhalb desselben, auf zwoen Seiten Plätze, wo Häuser stehen, und zwar: wohnen oberhalb gedachten Woloschk:, größtentheils die in der Besatzung stehende Soldaten, und dienende Kosaken; unterhalb aber, nämlich gegen die Mündung, ist eine schöne Vorstadt, darinn Kaufleute wohnen. Die Anzahl sämmtlicher Wohnhäuser beläuft sich auf 500. In der Stadt ist eine steinerne Kirche mit 5 Kuppeln, mit Namen zur heiligen Dreyeinigkeit; und noch eine andere von Holz, in der Vorstadt

Stadt zur Himmelfahrt Mariä, nebst einer Kapelle des Erzengels Michaels: die dritte Kirche liegt in der Soldaten Vorstadt, zur Geburt der Mutter Gottes. Die Anzahl der Kaufleute, die sich allhier aus verschiedenen Städten, besonders aus Sinbirsk niedergelassen, beläuft sich auf 309 Personen. Anlangend die Besatzung, so bestehet sie aus 2 Compagnien, von dem nischegorodschen Garnison Regiment, und 100 Mann Kosaken. Hiernächst stehen in Alexejewsk, wo die sakamische Linie anfängt, und welcher Ort von Samara 25 Werst abliegt, noch 100 Mann Kosaken; als welche insgesammt sowohl zur Beschützung dieser Oerter, als auch zur Ausrottung der auf der Wolga sich einfindenden Räuber, gebraucht werden. Gedachte Stadt Samara gehöret zwar nicht zum stawropolschen Gebieth, folglich auch nicht zum orenburgischen Gouvernement, sondern stehet mit seinem ganzen Kreis, unter dem kasanischen Gouvernement, und gehöret zu der Provinz Sinbirsk. Da aber wie oben angeführet ist, die allhier eingelegte reguläre und irreguläre Mannschaft von Orenburg, und von dem stawropolschen Commendanten abhängt; so wird es nicht überflüßig seyn, wenn wir diese Stadt, wegen ihrer Nähe an Orenburg, so viel davon bekannt ist, allhier beschreiben.

Es ist die Stadt Samara am linken Ufer der Wolga erbauet; und hat eine vortreffliche Lage, besonders wenn man vom Berge, auf welchem gleichfalls viele Häuser sind, nach der Wolga hinsieht; wie unterhalb der Stadt viele Inseln und anmuthige Wälder liegen; oberhalb aber, dieser Fluß breit ist, und sich besonders im Frühjahr weit ergießt; welches eine schöne Aussicht giebt. Die Häuser fangen schon bey dem Fluß Samara an, der in die Wolga fällt; die Anzahl derselben beläuft sich auf 2000. In der Stadt ist eine Hauptkirche, die am Ufer der Samara erbauet ist, und den Namen

## Gouvernements.

Namen der heiligen Dreyeinigkeit führt. Auch sind hier vier Pfarrkirchen, darunter auch) eine von Stein erbauet ist, mit Namen Nicolaus der Wunderthäter, und zwey Klöster: ein Manns und ein Frauen=Kloster. Da ohngefähr vor 40 Jahren von der einen Seite, nach der Steppe jenseit des Flusses Samara, die Kalmyken in starken Partheyen zu streifen pflegten; und auf der andern Seite, oberhalb der Flüsse Samara, Kinel, und der übrigen in diese fallenden Ströme, die Baschkiren ihre Länder nicht weit von der Stadt Samara hatten; und also diese Stadt den räuberischen Streifereyen dieser beyden Nationen ausgesetzt war: so ward sie auf folgende Art befestiget, nämlich: von der Seite der Samara auf dem Berge, war eine Festung mit einem hohen Wall und tiefen Graben angelegt, der noch anjetzt zu sehen ist. Hiernächst stand auf der Seite der Landstadt Alexejewsk noch zu der Zeit, da die orenburgische Commißion da war, ein grosser und sehr hoher Thurm, und um alle Wohnhäuser eine Mauer mit Thürmern und Schießlöchern nebst Schlagbäumen. Auch hielten sich hier seit vielen Jahren verschiedene in Diensten und auf Sold stehende Leute auf, und zwar: 33 Edelleute, 65 Ausländer, und 200 Mann Kosaken. Allein alle diese Leute wurden nach Orenburg versetzt, und an deren Stelle zur Defension, aus der jenseits der Samara belegenen Motschinskaja Sloboda *), 100 Mann

*) Die Gegend, wo ehedem Motschinskaja Sloboda stand, ward im Jahr 1756 zum neuen Pflanzort für die Tschernogorzi und Abbanzi gemacht; und wurden ihnen nicht nur dieselben Gelegenheiten, die vorhin zu dieser Slobode gehöret hatten, eingeräumt, sondern noch überdem, an dem Fluß Irgis und in andern Gegenden, grosse Ländereyen eingewiesen. Man bildete sich damals ein; es würden

Mann Kosaken dahin verlegt, als welche in ihren Häusern wohnen, und eben so wie die Stawropolischen Kosaken, bis itzo in keinem Solb stehen, sondern auf dem Fuß, wie alle ohne jährlich festgesetzten Sold dienende Corps, bloß in dem Fall, wenn sie etwan wohin über 100 Werst weit commandirt werden, nach dem Etat der donischen Kosaken, ein gewisses Tractament bekommen. Es ist auch von der Befestigung dieses Ortes, fast nichts mehr zu sehen; sondern alles was da vorher gestanden, umgefallen, und die Graben zugeschüttet. Zu dem District der Stadt Samara, die von Orenburg 421½, und von Stawropol 83 Werst abliegt, sind auch einige Wohnplätze jenseit der Wolga angeschlagen.

Von dem Anfange und der ersten Stiftung dieser Stadt, sagen viele dasige alte Leute: sie sey lange vor Erbauung der Stadt Sinbirsk\*), bald nach Einnahme der

den sehr viele aus andern europäischen Ländern nach Rußland kommen, um sich da nieder zu lassen; allein, da die ersten Ankömmlinge ohngefehr 3 Jahr allhier gelebt hatten, suchten einige bey der Armee Dienste: die andern baten, man möchte ihnen erlauben sich in Neu-Servien, wo damals der Generalmajor Chorwat Ober-Befehlshaber war, nieder zu lassen; worauf sie denn auch im Jahr 1759 dahin sich zu begeben, die Freyheit bekamen. Es liegt also gegenwärtig dieser Ort wieder wüste.

\*) Von der Stadt Sinbirsk ist bekannt: daß sie im Jahr d. W. 7156 von einem gewissen Bojaren, Namens Bogdan Matfejewitsch Chitrow und seinen Gefährten ist erbauet worden. Bey dem Bau sind an Bauren aus nisowschen Städten, von Russen aus 5 Häusern, und von den Kosaken aus 3 Häusern 1 Mann genommen und gebraucht worden. Bey Anlegung der so genannten sinbirskischen Linie aber, und beym Wallbau, haben bis an das Jahr 7162, und also 6 Jahr lang jeden Sommer 3376 bis 4898 Mann gearbeitet.

der Stadt Kasan angelegt worden. Ob es aber nach der ersten, oder letzten Einnahme (davon im ersten Theil gedacht ist) geschehen, solches hat mir niemand sagen können, weil sie der Geschichte nicht kundig sind. Der Sotnik von dem orenburgischen irregulairen Commando Iwan Kuplejanow Mogutow, ein Vater des Herrn Obristlieutenants, und Woiskowoy Atamanns von demselben Commando Wasilei Mogutow, ein sehr alter Mann und der allen Glauben verdient, erzählte mir, nach einer Ueberlieferung von seinen Vorfahren, die in Samara gebohren, folgendes: es wäre der heilige Alexei, Moskäischer Mitropolit und Wunderthäter, auf seiner Reise, längst der Wolga, nach der sogenannten goldenen Horde, an dem Ort, wo die Samara in die Wolga fällt, und wo damals ein dicker Wald gewesen, angekommen. Die bey ihm gewesenen Leute wären an der Welga spatzieren gegangen, und hätten eine Höhle entdeckt, darinn sie einen Einsiedler angetroffen. Wie sie dem Metropolit Alexei davon Nachricht gegeben, habe er ihn zu sich kommen lassen; sey auch nachher selbst zu ihm gegangen, und habe ihn gefragt: wie der Fluß hieße? worauf jener geantwortet: er wisse sonst von ihm keinen andern Namen, ausser Samara, den er ihm selbst gegeben. Der heilige Metropolit Alexei habe sich über das tugendhafte Leben dieses Einsiedlers gefreuet, und nicht nur die von ihm diesem Flusse beygelegte Benennung bestätiget, sondern ihn so wohl, als den Ort gesegnet, und im prophetischen Geiste vorausgesagt: man werde auf dieser Stelle eine Stadt erbauen, und sie gleichfalls Samara nennen. Hier werde Religion und Tugend sich in vollem Glanz zeigen, und es solle diese Stadt niemals einer Verwüstung ausgesetzt seyn.

Von diesem Heiligen und Wunderthäter sagt die Geschichte: er sey im Jahr von Erschaffung der Welt

6800 unter der Regierung des Großfürsten Danila Alexandrowitsch gebohren; dessen Sohn, der Großfürst Joan Danilow, ihn zur Taufe gehalten; und sey im Jahr 6886 gestorben, nachdem er 24 Jahr Metropolit gewesen, und 85 alt geworden. In des Minái Jahrbuch unter dem 12. Febr. wird gesagt: er habe zwo Reisen zu den Ungläubigen gethan. Die erste Reise sey gewesen nach Scythien zu dem Zaren Berdewer, (vermuthlich in der goldenen Horde) um diesen Zaren zu besänftigen, und von ihm den Frieden zu erbitten, den er auch ausgewirkt habe. Die zwente Reise habe er unternommen auf Ansuchen des Großfürsten Dimitri Joannowitsch, (vermuthlich eines Enkels des Danilows und Sohns des Joannows,) nach dem agaränischen Lande, (kann vielleicht die Krimm oder die Türkey seyn,) um die Zarinn von ihrer Blindheit zu heilen. Da nun diese beyde Reisen in der Zeit geschehen sind, da gedachter Alexei Metropolit gewesen: so muß man die Zeit seiner Ankunft an der Mündung des Flusses Samara nach dem Jahr 6862 ansetzen, welches bis an das Jahr 1760, oder von Erschaffung der Welt 7268 vier hundert und sechs Jahr ausmacht.

Die Landstadt Alexejewsk stehet unter der samarischen Wojewoden-Canzeley. Sie liegt am Ufer des Flusses Samara auf einem hohen, und von Natur festen Ort, von der Stadt Samara übers Gebirge 25, und längst gedachtem Fluß aufwärts 40 Werst. Es sind hier gegen 200 Häuser; von aussen ist eine Mauer gezogen; inwendig aber ist eine schöne Vestung und eine Kirche mit Namen Alexei, der Mann Gottes; imgleichen das Haus des Wojewoden. Den Erzählungen nach ist diese Stadt von dem bekannten Alexander Sergejew im Jahr 1700 erbauet, und hat den Namen zu Ehren des Zarewitsch Alexei Petrowitsch bekommen. Anfangs waren 100 Mann in Sold stehender

der Kosaken, unter dem Befehl des samarischen Atamanns hieher verlegt, und so viel sind ihrer noch anjetzt da; allein die Erstern wurden sämmtlich nebst den samarischen Kosaken nach Orenburg genommen, und an ihrer Stelle andere verordnet. Zwölf Werst von hier auf dem Wege nach Orenburg ist eine tatarische Slobode, die Motschinska genannt wird, und zwar daher, weil alle sich hier aufhaltende Tataren aus der am Fluß Motscha ehedem gewesenen Sloboden hieher verlegt sind. Diese verrichten eben so, wie die gegenwärtigen samarischen und alexejewschen Kosaken, Kosakendienste, und stehen unter dem samarischen Ataman. Es sind hier gegen 100 Häuser, und nach der geschehenen Revision eben so viel in Diensten stehende Leute. Uebrigens ist in der Gegend dieser Slobode viel Wald und viel Ackerland: auch sind hier viele Wiesen und Inseln, wo ein vortrefflicher Fischfang ist.

Im Jahr 1732 ward von dieser Landstadt an, die sogenannte sakamische Linie gezogen. Diese Linie schloß die äussere stawropolische Grenze mit ein, und war mit schweren Kosten der Krone nach der Ingenieurkunst angelegt, hiernächst waren innerhalb derselben an vielen Stellen, wegen der räuberischen Einfälle der Kalmyken, Kirgisen und Baschkiren, vortreffliche regulaire Vestungen, Retranchementer, Feldschanzen und Reduten aufgeführt. Allein, sie ward auf Verfügung der orenburgischen Expedition aus dem Grunde nicht fortgesetzt, daß nicht die Baschkiren dadurch nur zu gar zu hohe und übertriebene Gedanken von sich bekommen möchten. Da nun dergleichen mit vielen Kosten unternommene Werke, sie mögen zu ihrer Zeit noch so groß und prächtig gewesen seyn, wenn sie nachgelassen und nicht unterhalten werden, endlich verfallen und bloß Trümmer nach sich lassen; daraus aber nach langen Jahren in der Geschichte eine große Verwirrung und Dunkelheit entstehet: so wird es nicht undienlich, vielmehr dem Zweck gemäß seyn, wenn ich bemeldete sakamische Linie, die über 200 Werst weit mit großen Kosten der Krone gezogen ward, allhier zur Nachricht für die künftige Zeiten umständlich beschreibe.

Man fieng im Jahr 1732 an, die sakamische Linie ohnweit Alexejewsk, nahe an dem Ort, wo der Fluß Kinel in die Samara fällt, zu ziehen. Anfangs ward bloß eine Redute angelegt, die von gedachtem Fluß Kinel, Kinelskoy, den Namen bekam. Von hier gieng die Linie gerade auf den Fluß Sok, bis an den Ort, wo diesem Fluß zur Rechten die Kundurtscha in ihn fällt; selbigem Fluß zur linken ward die erste Vestung erbauet, die man Krasnojorskaja nannte. In diese Vestung ward die Landmiliz eingelegt; nun aber wohnen allhier getaufte Kalmyken. Auf dem halben Wege zwischen dieser Vestung und Alexejewsk war eine Redute errichtet, die Krasnoi hieß. Von gedachter Vestung an, ließ die Linie den Fluß Sok zur linken Hand, und gieng bis an die Landstadt Sergiewsk; zwischen welcher Entfernung am Fluß Choroschei eine Redute, und bey der Tscherna eine Feldschanze Tschernoretschenskaja genannt, errichtet sind. Ausserdem sind hier noch drey Reduten: und zwar zwo derselben am Flusse Orlank, die Eine nicht weit von der andern; und die dritte gegen über der Landstadt Sergiewsk. Von hier gehet diese Linie über den Fluß Sok, läßt selbige Landstadt zur linken, und den Fluß Sok zur rechten Hand; und erstrecket sich bis an die Quelle des Flusses Lipowka, woselbst eine Redute errichtet, und von derselben durch den Wald bis an den Ursprung des Flusses Borowka in einer Strecke von 12 Werst ein Verhack gemacht ist. Von da gehet sie

über

## Gouvernements. 85

über den Fluß Surufcha bey deffen Quelle, wofelbft in einiger Entfernung noch eine Rebute angeleget ift. Ferner nimmt fie den Weg gerade auf den Fluß Runburtfcha, wo eine Feldfchanze ift, und der Landmiliz Länder zur Niederlaffung angewiefen find. Von diefer Feldfchanze ift durch den großen tarchanifchen Wald, der von dem Fluß Tarchanka den Namen hat, 30 Werft von der Quelle diefes Fluffes ein Verhack gemacht, und am Ende des Waldes eine Rebute angelegt, die Tarchanskoi genannt wird, und die auch angebauet werden foll. Wenn man von diefer Rebute über den Fluß Tfcheremfchan kömmt: fo trifft man an jenem Ufer eine Veftung an, die Tfcheremfchanskaja genannt wird, und für die Landmiliz zum Anbau angelegt ift. Von hier gehet diefe Linie gerade auf den Fluß Schefchma, allwo diffeits deffelben eine Feldfchanze errichtet ift, fo Schefchminskaja genannt wird. Jenfeit des Fluffes Schefchma ift durch den Wald bis an die Quelle des Fluffes Bagratfch in einer Strecke von 16 Werft der dritte Verhack gemacht, und hinter demfelben am Fluß Ritfchui die letzte Feldfchanze angelegt, und für die Landmiliz zur Niederlaffung beftimmt. Diefe Feldfchanze fcheidet anjetzt das kafanfche Gouvernement von dem orenburgifchen.

Uebrigens ift aus den Canzelenfchriften zu erfehen, daß man Willens gewefen, diefe fakamifche Linie von der kirfchuifchen Feldfchanze an, weiter hinaus, bis an den Fluß Ik zu ziehen, als welcher bey den Flecken Izkoje Uftje in die Kama fällt: allein es unterblieb wegen der von der orenburgifchen Expedition gemachten Verfügung. An diefer Linie arbeiteten Bauern aus dem kafanfchen, nifchegorodfchen, und woronifchen Gouvernements, denen die Bezahlung nach

F 3 dem

dem Placat gegeben ward; die Direction darüber hatte der Geheimerath und Ritter, Fedor Wasiljewitsch Naumow, der bald darnach starb.

Von dem zur stawropolschen Jurisdiction gehörigen Wohnplätzen sind folgende die merkwürdigsten.

Die Landstadt Sergijewsk ist den allda vorhandenen Canzeleyschriften zufolge, laut Befehl aus der Kasanschen Hofverwaltung an den Stotnik und Wojewoden in Kasan, Nikita Afferowitsch Kudrawzow, im Jahr 1703 erbauet. Es heißt, allda wäre Schdan Grigorjew Kudrawzow aus Kasan mit der Anweisung abgesandt; er solle sich nach dem Fluß Kama in die Gegend Kosarschei Cholm begeben, daselbst eine Stadt erbauen, und sie Sergijewsk nennen. Dieser Kudrawzow habe auch in demselben Jahr die Häuser von Eichenholz aufbauen, und mit Bretern decken lassen; hiernächst wäre rund herum ein Ostrog gezogen, mit 4 Thürmern und 5 Ausfahrten. Nachdem hierüber der Bericht in Kasan eingegangen, habe man solches dem Knäsen, Boris Alexejewitsch Golyzin, als Chef von der kasanschen Hofverwaltung gemeldet, der es Sr. Zarischen Majestät unterleget habe. Auf diese Unterlegung sey in dem Jahr 1704 der Befehl eingegangen: alles, was in der Stadt von Holz gemacht wäre, von einander zu nehmen, und das Holz zu Wasser nach dem Fluß Terek hinzuführen. Anstatt dessen aber solle rund herum ein Wall von Erde, drey Faden mit Absätzen aufgeführt, Pfahlwerk eingeschlagen, und mit Sand zugeschüttet werden, welches alles in selbigem 1704. Jahr geschehen wäre. Zu dieser Arbeit wären aus verschiedenen Districten des kasanschen Gouvernements 4000 Arbeiter, theils mit, theils ohne Pferde aufgeboten. An diesem neuen Pflanzort ließen

sich

## Gouvernements.

sich nieder aus den sakamischen Landstädten, nämlich aus Jeryklinsk, Tiinsk, Bilärsk, Staroscheschminsk, Nowoscheschminsk, Saisk, Menselinsk, Arsk, Malmysch und Alat an Leuten, die in Diensten standen, 215 Familien; desgleichen aus Samara ein Ataman und 2 Kosaken, und von den Hofdörfern des samarischen Districts 100 Personen. Zur Arbeit bey den hier ehedem gewesenen Schwefelhütten waren an Bauern, die zum Jasak (Steuer) angeschlagen sind, 508 Familen hieher verlegt. Bey den Schwefelquellen aber, nicht weit von der Stadt, war ein besonderer Ostrog von Eichenholz mit zweenen Thürmern, nebst den nöthigen Wohnungen gemacht; auch war in gedachte Schwefelhütten aus der Stadt Sinbirsk ein Meister nebst 15 Gesellen geschickt. Hiernächst war in demselben 1703. Jahr in einem Schreiben an Danila Kosågowsky anbefohlen worden: aus verschiedenen niedern Städten an Reuter, Dragoner und jungen Leuten 1208 Personen an dem Fluß Sok zu pflanzen, und ihnen in den Gegenden um Sergijewsk Ländereyen und Aecker einzuweisen.

In der Nähe dieser Landstadt sind viele mineralische Quellen, und mineralische Erde, die eine eigene Untersuchung verdienen; besonders trifft man hier viele Schwefelgruben, und Naphtaquellen an. Es hat der Herr Doctor Medicinä Rindel, der in diesen Gegenden gewesen, erzählt: er habe ohnweit Sergijewsk aus den Bergen eine Menge Wassers herausquellen gesehen, daraus Sümpfe entstanden, deren Wasser zwar rein und klar geschienen, inzwischen aber einen sehr heftigen Naphta Geruch gehabt; auch hätte sich oben auf dem Wasser wirklicher Naphta gesetzt.

Der ſtawropolſche Commiſſair, Moiſei Alexandrow Bogdanow, ein Mann, der gerne nützliche Bücher laß, viele Erfahrung hatte, und allen Glauben verdienet, berichtete mir in seinem Schreiben vom 2. Oct. 1759: er wäre im September Monat deſſelben Jahres, ſeiner Geſchäffte wegen, 30 Werſt hinter Sergijewsk geweſen; allwo er einen kleinen Fluß geſehen, den die Tataren Airjaki, die Ruſſen aber Moloſchnaja, (Milchfluß) nennen. Dieſer Fluß ſey ſeiner beſonderen Eigenſchaften halber ſehr merkwürdig: indem er von ſeiner Quelle an gegen 7 Werſt, und weiter ein vortreffliches Waſſer, das im Sommer kalt ſey, führe, und auf die Art in einen See falle, der gegen 40 Faden lang, 25 Faden breit, und einen Faden, an keiner Stelle aber weniger als ein Arſchin tief ſey. Auf dem Boden dieſes Sees entdecke man Stellen, die verſchiedene Farben haben, als: blau, gelb, weiß, ſchwarz, und grün; oben auf dem Waſſer aber ſehe man eine Materie, die dem Deggut gleich komme, und einen ſehr übeln Geruch habe. So bald dieſer Fluß aus dem See ausfließe, werde er ſo weiß wie Milch, fließe mit einem ſolchen Waſſer, 2 bis anderthalb Werſt weit, und falle in den Fluß Surgut, wo er noch etwas von ſeiner weiſen Farbe behalte; bald darauf aber verliere er dieſe Farbe, und bekomme ein ſchönes klares Waſſer, dergleichen er bey ſeiner Quelle gehabt.

Von allen zum ſtawropolischen Gebieth gehörigen Gegenden, ſind die am Fluß Kinel und an den in ihn ſich ergießenden Strömen, für die Landmiliz neu angelegte Sloboden am meiſten zu merken: indem aus ſelbigen die in die orenburgiſchen Veſtungen verlegten buLärſche, ſergiejewſche, und alexejewſche Landmiliz-Regimenter mit jungen Leuten completirt werden. Die Namen

**Gouvernements.**

Namen dieser Sloboden sind folgende, nämlich von Alexejewsk ausserhalb der sakamischen Linie 1) Kriwoluzkaja, am Ufer des Flusses Kinel, bey dessen Arm, Kriwaja Luka genannt, 25 Werst von Alexejewsk. 2) Sawruschkaja, am Fluß Sawruscha, der eine Werst von der Slobode in vorgedachten Kinel fällt. Sie liegt von kriwoluzkaja Sloboda 65 Werst. 3) Sarbaiskaja, am Fluß Sarbai, der 15 Werst von der Slobode in den Kinel fällt. Sie liegt von der sawruschkaja Sloboda nur 8, und von Sergijewsk 50 Werst. 4) Amanatskaja, am Fluß Amanat, der gleichfalls in den Kinel fällt; liegt von sawruschkaja Sloboda 17 Werst. Ausser diesen Soldaten-Sloboden, befindet sich annoch zwischen dem kriwolukischen und sawruschischen Sloboden, nämlich von Ersteren 50 Werst die Slobode der Tscherkassen; als welche, wie oben gedacht ist, ehedem in den an dem Jaik belegenen Vestungen gewohnt haben, nachhero aber, nämlich im Jahr 1744, aus eigenem Triebe, sich von da wegbegeben und hieher gezogen sind, und zwar, weil ihnen jene an der Grenze belegene Gegenden nicht bequem geschienen; und diese hingegen ihnen so wohl sicherer, als auch in Rücksicht des Feldbaues, und der übrigen häuslichen Oekonomie, gelegener vorgekommen. Sie haben allhier ihre eigene besondere Slobode, die aus 150 Wohnhäuser bestehet.

Es ist schon im ersten Theil angeführt: daß alle getaufte Kalmyken, nach dem Etat in 8 Compagnien eingetheilet sind: und daß sich ihre Anzahl, nach dem Bericht von Juli Monat 1754 auf 5695 Personen männlichen und weiblichen Geschlechts beläuft. Nachhero ward diese Anzahl durch die Sjungoren, die zu ihnen herüber kamen, und den christlichen Glauben annahmen merklich

merklich vermehret: so daß ihrer anjetzt an beyden Geschlechtern, 8198 Personen sind; dahero man auch für nöthig gefunden, ihren Miliz-Etat durch Errichtung 3 neuer Compagnien zu vermehren. Um aber diese Kalmycken zum Feldbau, und zu anderer häuslichen Wirthschaft anzugewöhnen; so sind bey Anfertigung des Etats, innerhalb des stawropolschen Kreises, besondere Sloboden errichtet, und in jeder eine Kirche erbauet. Die Namen dieser Sloboden sind folgende: 1) Jagodnaja, 2) Predtetschenskaja, 3) Preobraschenskaja, 4) Kurmytschewskaja, 5) Tenejewskaja, 6) Sustanskaja, und 7) oben angeführte Krasnojarskaja; weil sie sich aber von Zeit zu Zeit mehr und mehr vermehren, so ist schon die Verfügung gemacht, daß noch drey Sloboden zukommen sollen. In dem ganzen Stawropolschen Kreis, ist die Anzahl der Einwohner, nach der Revision: an Reichsbauren die den Jasak (Tribut) erlegen 6922; an solchen, die zur Admiralität angeschlagen sind, 703; und an Privat- und Klosterbauern, 2594; in allem 10219 Köpfe. Ueberdem wohnen allhier an Persern, Arawitjánen, und Leuten von andern asiatischen Nationen, die aus den kirgiskaisakischen Horden entlaufen, und Christen geworden sind, gegen 250 Personen. Uebrigens ist das Land fruchtbar, hat viele Waldungen, und viel Hornvieh; dahero auch die stawropolschen Kaufleute, die an der Wolga wohnen, sich in der vortheilhaften Situation befinden, daß sie sowohl durch den Fischhandel viel gewinnen, als auch Juchtenfabriken anlegen, und den Handel mit Getraide und allerley andern Waaren extendiren, und dadurch ansehnliche Vortheile erlangen können.

Fünftes

## Fünftes Kapitel.
### Von der samarischen Distanz und deren Beschaffenheit.

Da ich mich an die Beschreibung dieser von dem Fluß Samara, der oben beschriebener Maßen mit seiner Quelle dem Jaik nahe ist, den Namen habenden Distanz mache; so kann nicht umhin, zuförderst anzuführen: daß wenn dem Staaatsrath Kirilow, wie er nach der orenburgischen Expedition gesandt ward, bekannt gewesen wäre; daß der Weg von der Stadt Samara, die an der Wolga liegt, die Samara hinauf, bis Sakmarskoi Kosatschei Gorodok, (welche Stadt von dem gegenwärtigen Orenburg nur 29 Werst abliegt, und die dem Kirilow bekannt war) folglich bis an den Fluß Or nicht viel weiter ist, als von der Stadt Ufa; und er, an Statt mit seinem ganzen Commando von Kasan über Ufa den Weg zu nehmen, mit denselben Fahrzeugen, mit denen er aus Moscau nach Kasan gekommen war, längst der Wolga bis Samara, und von hier bis Sakmarsk, und bis an den Or gefahren wäre; die Baschkiren vielleicht ruhig geblieben, und seine Unternehmungen leichter von Statten gegangen wären. Denn es ist nicht allein der Weg von hier längst dem Fluß Samara, bis an das Gebirge Ural an sich bequemer und besser; sondern es wären auch damals in der Gegend herum, nirgends einige Baschkirische Wohnplätze; weiter hin aber nach dem Jaik zu, und längst demselben, wären selbige baschkirische Wohnplätze sämmtlich im Innern des Landes, und in einer so weiten Entfernung von ihm geblieben, daß sie seinem Zuge keine Hinderung hätten in den Weg legen können.

Allein

Allein bey großen Unternehmungen, kann man nicht mit einmal alles übersehen. Der Kirilow erfuhr es erst damals, wie er zuerst in Orenburg ankam, von dem ehemaligen Sakmarischen Ataman Arapow: und faßte hierauf den Entschluß an gedachtem Fluß Samara, zur bequemen Reise nach Orenburg, Vestungen anzulegen, und sie mit Einwohnern zu besetzen. Wie er also im Jahr 1735 in Ufa angekommen war, reiste er in dem darauf folgenden 1736 Jahr selbst zum zweytenmal nach Orenburg, das bey ihm gebliebene Commando aber, beorderte er nach Sinbirsk, und von da nach Samara zu gehen, und gab dem Lieutenant von der Flotte, nunmehrigen Brigadier Bachmetew die Anweisung: er solle sogleich nach seiner Ankunft in Sinbirsk, sich auf den Weg nach Samara machen, sich allhier mit dem Nöthigen versorgen, eine gehörige Anzahl von Mannschaft mit sich nehmen, mit derselben den Fluß Samara hinauf zu Wasser ziehen, die dasigen Gegenden in Augenschein nehmen, und Vestungen 30 bis 40 Werst eine von der andern anlegen.

Dieser Bachmetew, bekam in Samara und in Alexejewsk, von der, wegen der sakamischen Linie verordneten Canzeley, das zum Vestungsbau nöthige Geräthe, fuhr im Sommer zu Wasser den Fluß Samara hinauf; und erbauete an diesen Fluß in der Gegend Krasnoi Jar, die von Alexejewsk zu Lande 42, zu Wasser aber, wegen der vielen Krümmungen der Samara, 100 Werst abliegt, die erste Vestung, die er Krasnosamarsk nannte. Wie der Staatsrath Kirilow, der nunmehro bey seinem Rückzug, seinen Weg nicht über Ufa, sondern über Samara, auf diese Distanz nahm, diese Vestung sahe, so gefiel ihm diese Lage so sehr, daß er beschloß, diesen Ort zum Handelsort einzurichten, allhier ein Zollhaus zu erbauen,

und

*Gouvernements.*

und die Waaren der nach Orenburg reisenden Kaufleute, hier zuerst besichtigen zu lassen. Auch war seine Meynung, daß alle Officianten von der orenburgischen Expedition, die aus Ufa nach Samara hingezogen, auf so lange bis die Stadt Orenburg völlig fertig, und die Passage dahin sicher seyn würde, allhier wohnen, und zum Bau der Häuser Holz und alle andere nöthige Materialien, angeschafft werden sollten. Damit aber sowohl die Einwohner dieser Stadt, als auch die zu derselben gehörigen Aecker, und Pferdehütungen, vor den Streifereyen der Kalmyken und Baschkiren, völlig gesichert seyn möchten: so hielt er dafür, daß ausser der schon vorhandenen Befestigung des Orts, annoch rings um den ganzen Wald, welches eine Strecke von mehr als 20 Werst ausmacht, Palisaden gezogen, an gehörigen Orten Batterien errichtet, und diese mit Kanonen versehen werden müßten.

Nach dem Tode des Kirilows, der den 14 April 1737 erfolgte, wurden sämmtliche Officianten nach Krasnosamarskaja Krepost verlegt, auch ward an dem Bau der Häuser, nach dem gemachten Plan, mit allem Ernst Hand angelegt. Wie aber der an seiner Stelle verordnete Herr Geheime Rath Tatischtschew, in Samara angekommen war, hielt er diese Stadt zum Aufenthalt für sich, und für die Officianten von der orenburgischen Expedition, so lange bis die Stadt Orenburg erbauet werden würde, für gelegener und bequemer: weil die Lebensmittel hier wohlfeiler waren, als in vorgedachter Krasnosamarskaja Krepost, und alles was man nach Orenburg zu verschicken hatte, hier leichter bekommen, auch bequemer nach Orenburg gesandt werden konnte; dahero er denn auch in Samara Gebäude für die Canzeley, und für den Commendanten, desgleichen verschiedene Magazine, und Packhäuser für die Kaufleute erbauen ließ, die in Krasno-

samarsk

94 Beschreibung des orenburgischen

Samarsk befindlichen Einwohner aber zog er nach Samara, und ließ in gedachter Vestung bloß die Besatzung zurück. Und weil er hiernächst die Anlegung einer großen Stadt, an diesem Ort für etwas unnöthiges hielt, anbey nicht weit davon, dicht am Fluß Samara oberwärts ein anderer angebaueter Ort war; so ließ er alle angefangene Gebäuder niederreissen, und nach diesem andern Ort, wo anjetzt nach dem von ihm entworfenen Plan Krasnosamarskaja Krepost liegt, hinführen; der Erstere Ort aber der eine Werst weiter unterwärts belegen, blieb wüste und unbebauet. Die Besatzung dieses Ortes bestand, so wie in allen samarischen und Nieder-Jaikischen Vestungen, aus einer Compagnie Dragoner, und anderthalb Compagnien Fußvolks, von den Regimentern der Landmiliz. Allein diese Besatzung ward im Jahr 1755 nach Salairskaja Krepost verlegt, die man wegen der entstandenen baschkirischen Unruhen anlegen ließ. Es sind also anjetzt allhier an dienenden Kosaken, die sich hier niedergelassen, ausser den Abgedankten, nicht mehr als 50 Mann. Die Anzahl der Wohngebäuder ist gegen 80; auch ist hier eine Kirche zum Opfer Mariä, diese Vestung liegt von Orenburg 356 Werst.

2) Borskaja Krepost ward in demselben Jahr, wie Krasnosamarskaja schon fertig war, von gedachtem Bachmetew erbauet. Sie liegt von Orenburg 307 Werst, am Ufer des Flusses Samara, und wird von der andern Seite von Starizei oder der alten Samara (weil dieser Fluß in alten Zeiten hier seinen Lauf gehabt) eingeschlossen. Und also liegt dieser Ort gleichsam auf einer Halbinsel. Man nennt diese Vestung desfalls borskaja: weil in einer Entfernung von 3 Werst davon, ein großer Fichtenwald (Bor) ist; dergleichen man bey keiner andern Linienvestung antrifft. Dieser Wald

Wald ist so groß, daß wenn er geschont, und vor Feuerschaden bewahrt wird, alle in dieser Distanz belegene Vestungen sich daraus mit Holz versehen können. Die Besatzung bestehet gegenwärtig bloß aus einer Compagnie Dragoner; die Hälfte von dem da gewesenen Fußvolk aber ist, wie oben gemeldet worden, nach Sa- lairsk verlegt: Hiernächst sind hier an Russen und Ta- taren 50 Mann, die ohne Sold dienen, und zu den gewöhnlichen Versendungen gebraucht werden, die An- zahl der Wohnungen ist gegen 250, auch ist hier eine Kirche, mit Namen Sreschenie Gospodnà. Da die Ge- bäude dieser sowohl, als der vorher beschriebenen Ve- stung, dem Fluß Samara zur Rechten; und alle an- dere Wohnungen zur Linken liegen; und die von Oren- burg kommende, und dahin gehende Reisende, allhier über die Samara sich müssen setzen lassen; so wird im Frühjahr eine Fähre, und im Sommer eine Brücke von hiesigen Kosaken unterhalten. Die Gegend um diese Vestung hat eben die Vortheile und Bequemlichkeiten, so die krasnosamarskische hat; überdem sind in vor- gedachtem Bor (Fichtenwald), und in den übrigen Wäl- dern viele Luchse, die die Einwohner im Monat Merz jagen, ihrer eine Menge erlegen, und die Bälge ver- kaufen. Diese Vestung liegt von Krasnosamarsk 50 Werst. Uebrigens muß allhier noch erinnert werden: daß zur Zeit des General-Lieutenants Fürsten Urusow 25 Werst von dieser Vestung, auf dem Wege nach Sergijewsk, zum bequemern Transport des Proviants, und wegen der vortheilhaften Lage, am Fluß Kutuluk eine kleine Vestung erbauet, und in selbige eine Com- pagnie vom sergijewschen Regiment eingelegt ward. Allein man hat diesen Pflanzort nachhero verlassen; weil er ohne Nutzen, und von der Linie der samarischen Vestungen zur Seite abgelegen war. Die da herum be-

legenen

legenen Ländereyen aber, wurden laut ergangenen Ukasen, an Edelleute zu Lehn gegeben.

3) Olschanskaja Krepost, liegt so wie alle nachfolgende Vestungen, den Fluß Samara herab zur Linken, 10 Werst von dessen Ufern, (indem die Gegenden näher am Ufer den Ueberschwemmungen ausgesetzt sind) am Fluß Olschansk, von welchem Fluß diese Vestung auch den Namen hat; der Olschansk aber fällt in die Samara. Man rechnet von hier nach Borskaja 30, und nach Orenburg 274 Werst. Sie ward zur Zeit des obenbemeldeten Generallieutenants Urusow, im Jahr 1741, auf dieser Stelle erbauet. Die allhier sich aufhaltenden Kosaken hatten ehedem ihre Wohnsitze an der Mündung der Olschanka, wo sie in die Samara fällt, eine Werst von hier. Man war gezwungen, ihnen den gegenwärtigen Auffenthalt anzuweisen, weil jener Ort niedrig liegt, und im Frühjahr den Ueberschwemmungen ausgesetzt ist. In diese Vestungen sind so, wie in alle übrige samarische Kreposten, ausser der regulairen Besatzung, 50 Mann Kosaken eingelegt. Die Anzahl der Wohnungen beläuft sich auf 150. Die Kirche führet den Namen Makará, des Wunderthäters. Die Einwohner haben dasselbe Nahrungsgewerbe, wie in borskaja Krepost.

4) Busulzkaja Krepost liegt von Otschansk 18, und von Orenburg 255 Werst. Sie hat den Namen von dem Fluß Busuluk, der den Strom hinab zur Linken 3 Werst von der Vestung in die Samara fällt. Es ward diese Vestung schon zur Zeit des Staatsraths Kirilow, im Jahr 1736, angelegt, wie er aus Sakmarsk auf diesem Wege nach Samara zurück kehrte. Eben dieser Kirilow zog gleich anfangs einige Jaiker Kosaken zur Niederlassung hieher; auch ließen sich einige Familien von fremden Glaubensverwandten aus

Ufa

**Gouvernements.**

Ufa allhier nieder. Es sind hier gegen 200 Häuser, und zwo Kirchen, die Eine heißt des Erzengels Michaels, und die Zweyte Nikolai des Wunderthäters. Die Befestigung des Orts bestand anfangs bloß in einem Graben und Wall; nachhero aber wurden rings herum noch Palisaden gezogen, an verschiedenen Stellen Batterien errichtet und darauf Kanonen gepflanzt. Die Gegend hier herum ist sehr waldreich, und die Einwohner genießen eben der Vortheile, so die in den übrigen Vestungen haben; überdem ist das Land allhier zum Korntragen vor allen andern sehr gut, und die Einwohner geben sich auch mit dem Feldbau mehr ab, als die in den übrigen Vestungen. Achtzehn Werst von dieser Vestung auf dem Wege nach Orenburg am Flusse Pogromnoi ist eine Redute errichtet, die von diesem Fluß Pogromnoi heißt.

5) Toskaja Krepost an der Mündung des Flusses Soroka, der in die Samara fällt. Sie hat den Namen vom Fluß Toka, der sich zur Rechten 8 Werst oberhalb Busulizkaja Krepost gleichfalls in die Samara ergießt. Ihre Entfernung ist von Busulizkaja Krepost 48, und von Orenburg 206 Werst. Der Plan zu ihrer Erbauung ward unter dem Staatsrath Kirilow im Jahr 1736 gemacht. Die Anzahl der Wohnungen beläuft sich auf 150: auch ist hier eine Kirche zur Erhöhung des Creutzes. Anfangs war sie etwas weiter unten angelegt; allein da diese Gegend niedrig, und zu nahe am Wasser liegt; so ward sie im Jahr 1746 auf der gegenwärtigen Stelle erbauet.

6) Sorotschinskaja Krepost ward zu den Zeiten des oftgedachten Staatsraths Kirilows erbauet. Sie ist unter allen in der samarischen Distanz belegenen Vestungen die vornehmste: und der Oberbefehlshaber dieser Distanz hat allhier seinen Auffenthalt. Es hat diese Vestung ihren Namen vom Fluß Soroka, der 12 Werst

Orenb. Topogr. II. Th.   G

Werst von ihr unterhalb nach der Steppenseite in die Samara fällt, in die sich, auſſer dieſen Fluß, noch zween andere gleiches Namens, die alle 3 nicht weit von einander liegen, ergießen. Die Befeſtigung dieſes Orts iſt viel regulairer, als bey allen übrigen: denn ſie hat nicht nur Graben und Wälle, ſondern es ſind auch längſt dem Wall Paliſaden gezogen, und Batterien errichtet, worauf Kanonen ſtehen. Sie hat gegen 200 Häuſer und eine Kirche zur Geburt Chriſti. Man kann bis an dieſe Veſtung zu Waſſer, die Samara hinauf nicht gar wohl hinkommen: dahero denn auch beym Bau derſelben viele Materialien aus der Stadt Samara mit großen Böthen anhero gebracht wurden. Sie liegt von Toʒkaja Krepoſt 30, und von Orenburg 176 Werſt. Zwiſchen dieſer Veſtung und Nowoſergijewskaja Krepoſt 22 Werſt von Orenburg iſt zur Sicherheit der Fahrt eine Redute angelegt. Man nennt ſie Krestowoi: weil ohnweit von da in der Steppe ein meßingenes Creuz gefunden worden iſt.

Uebrigens iſt dieſe Veſtung deswegen merkwürdig: weil des kirgiskaiſakiſchen Chans Abulchairs Sohn, Chodſcha Achmet Saltan, der als Geißel gehalten ward, im Jahr 1744 hier mit den bey ſich habenden Leuten in Verhaft geſeſſen hat: weil ſein Vater deswegen Unruhen erregt hatte: daß man ſeinen natürlichen Sohn zur Auslöſung gegen den leiblichen nicht annehmen wollte. Dies gab zu vielen neuen Unruhen Anlaß, und verurſachte: daß die Kirgiſen auf Anſtiften des gedachten Chans, darauf ſonnen, den Saltan entweder durch Liſt aus dem Gefängniß zu befreyen, oder durch Gewalt auf freyen Fuß zu ſetzen; zu dem Ende griffen ihrer gegen 2000 Mann gedachte Redute an, die aber unverrichteter Sache zurück kehren müſſen. Dieſer Umſtand iſt in der orenburgiſchen Hiſtorie im 149. §. auf der 117. Seite umſtändlich beſchrieben.

Nowo-

## Gouvernements.

Nowosergijewskaja Krepost liegt von Sorot-schinskaja 40, und von Orenburg 136 Werst. Zur Zeit, da der Geheimerath Tatischtschew bey der orenburgischen Expedition Chef war, nämlich im Jahr 1738, ward etwas weiter oberhalb eine Vestung angelegt; und nach dem Namen des Obersten, nunmehrigen Generalmajors, Tewkelew, Tewkelew-Brod genannt: weil nicht weit von diesem Ort in dem Fluß Samara ein Brod (eine Fuhrt) oder Seichte ist, wo der Staatsrath Kirilow bey seiner Reise aus Sakmarsk nach der Stadt Samara mit seinem Commando durchgewaten und übergekommen war. Allein die allhier angefangene Vestung ward nachhero unter dem Generallieutenant, Knäs Wasilei Alexejewitsch Urusow, an dem Ort, wo sie jetzt stehet, aufgebauet, und zwar, weil erstere Stelle niedrig und den Ueberschwemmungen ausgesetzt ist. Der Geheimerath und Ritter Neplujew gab ihr den Namen Nowosergijewskaja. Sie hat gegen 50 Häuser und eine Kirche mit Namen Sergei Radoneschkoi. Zwanzig Werst von dieser Vestung auf dem Wege nach Perewolczkaja Krepost ist zur Sicherheit und Bequemlichkeit der Winterfahrt, durch diese Steppengegend, eine Redute angelegt, die Poltawsky genannt wird.

Uebrigens findet man in dieser Distanz viele Spuren von Häusern, die in alten Zeiten allhier gestanden; besonders in der Steppe nach dem Jaik zu, 30 Werst von Busuluzkaja Krepost, beym Ursprung des Flusses Borowka, der in den Busuluk fällt; wo man noch anjetzt einen Wall von Erde von einem ziemlichen Umfang und Ueberbleibsel von Häusern, die von Backsteinen erbauet gewesen, sehen kann. Es soll allhier, den Ueberlieferungen nach, eine tatarische Stadt gestanden haben, die Aulgan geheißen, und diesen Namen von dem ehemals hier gewesenen Chan bekommen. Auch entdecket man längst dem Fluß Busuluk an mehreren Stellen Ruinen von verfallenen Mosqueen, von wo die busulukischen Einwohner vordem die Backsteine zu ihren Gebäuden abgeholt haben; wie denn auf eben der Stelle, wo anjetzt Busuluzkaja Krepost liegt, in alten Zeiten eine Stadt gestanden. Hiernächst sind auch jenseit der Samara am Flusse Toka, 30 Werst von gedachter Vestung, Spuren von einer ehedem hier gestandenen Mosquee zu sehen. In den Gegenden dieser Distanz sind viele Waldungen und Wiesen; auch ist der Boden zum Korntragen geschickt; dahero sie für gesegnete Gegenden gehalten werden. Die Baschkiren eignen sich zwar dies Land zu; inzwischen besitzt ihrer fast keiner etwas darinn: hiernächst sind sie laut verschiedenen bey der orenburgischen Gouvernements-Canzeley gemachten Verfügungen, als Ländereyen, die zum orenburgischen District gehören, erkannt worden; dahero es zu bebauern ist, daß sie bis nun zu wüste liegen.

## Sechstes Kapitel.
### Von der sakmarischen Distanz.

Es war zwar auf Veranlassung der speciellen Ukas Ihro Majestät der Kaiserinn, Anna Joannowna, Glorreichsten Andenkens, auf die Unterlegung des Herrn Geheimenraths Tatischtschew im Jahr 1739, von dem Generallieutenant, Knäs Urusow, der Vorschlag gemacht: von dem Ursprung des Flusses Sakmara an, der mit dem Jaik in einer Entfernung, an keiner Stelle weniger, als von 100 Werst, mehrentheils parallel fließt, an gelegenen Stellen Vestungen zu Pflanzörter für die Regimenter von der Landmiliz zu erbauen;

## Gouvernements.

bauen; dahero auch die Gegenden von gedachtem Herrn Generallieutenant in Augenschein genommen, und ein Plan zu 9 hier anzulegenden Pflanzörtern gemacht ward; indem man glaubte, es könne die Landmiliz unter Bedeckung der jaikischen Vestungen allhier sicher und ruhig das Feld bauen, und sonstige Oekonomie treiben; wovon in der orenburgischen Historie unter dem 98. §. umständlich gehandelt ist. Allein dies alles ward nachhero von dem wirklich Herrn Geheimenrath und Ritter Nesplujew für unnütz gehalten, als welcher auf seiner Reise nach Orenburg den 30. Jun. 1744 bey Perewolozkaja Krepost mit den bey ihm gewesenen Staabsofficiers zu Rath gieng: auf was Art das scheschminskische Dragonerregiment von der Landmiliz längst gedachten Fluß verlegt werden könne, und darauf den Obristlieutenant Butkewitsch nebst einem Commando dahin absandte: die das nöthige Holz zur Anlegung zweener Pflanzörter an diesem Fluß anschaffen und in Bereitschaft halten sollten. Dieser erwählte denn auch zwo Stellen: auf welchen anjetzt folgende zwo Vestungen dieser Distanz stehen, nämlich:

1) Pretscheftenskaja liegt von Sakmarsk, die Sakmara hinauf 30, und von Orenburg über gedachte Stadt 59 Werst. Es sind hier für 5 Compagnien von vorgedachtem Dragonerregiment, und für eine Compagnie Fußvolk von der alexejewschen Landmiliz Wohnsitze eingewiesen; auch hält sich der Commandeur dieser Distanz allhier auf. Die Anzahl der Wohnungen beläuft sich auf 300; ferner ist hier eine Kirche zur Verkündigung der Mutter Gottes, von der diese Vestung Pretschistenskaja (die keuscheste) genannt wird. Die Befestigung dieses Ortes bestehet aus einem Wall, darauf Batterien errichtet und Kanonen gepflanzt sind.

2) Woswischenskaja. Ist also genannt worden: weil vorerwähnter wirklich Herr Geheimerath und

Ritter Neplujew, wie er im Jahr 1742 aus Orenburg nach Samara reiste, den 14. September als am Tage Wosdwischemja tschestnago Kresta (der Erhöhung des Creutzes) diesen Ort zu besehen, allhier mit seinem Commando ankam. Es sind allhier die übrigen Compagnien von erwähntem Regiment, und eine Compagnie Fußvolks vom alexejewschen Regiment eingelegt. Die Zahl der Häuser beläuft sich auf 300; und die allhier erbaute Kirche hat den Namen zur Creutzerhöhung. Die Befestigung dieses Orts ist eben so, wie bey Pretschistenskaja, von welcher sie 47, von Orenburg aber 106 Werst abliegt.

Ausserdem sind in dieser Distanz noch zwo Rebuten angelegt; und zwar die Eine zwischen bemeldeten Vestungen, 23 Werst von Pretschistenskaja, die Nikitinstoi genannt wird; die andere 30 Werst oberhalb Wosdwischenskaja, die Scheltoi heißt. Neben dieser letztern Rebute ist eine Slobode der kundrowischen Tatarn, die man Kundrowskaja Sloboda nennet, und welche gegen 60 Wohnhäuser hat. Diese Tataren hatten ehedem ihre Streifzüge in der Gegend von Astrachan und überfielen zum öftern die Cubanen: dahero man sie auf einige Zeit von da wegsandte, worauf sie sich alle in Kasan aufhielten; im Jahr 1745 aber wurden sie nach Orenburg gesandt, und ihnen zur Niederlassung vorbemeldete Gegend, wo sie eine Slobode angelegt, eingewiesen.

Im Jahr 1747 im Sommer liefen 25 Familien von diesen kudrowischen Tataren in die kirgiskaisakische Horde, wo sie sich auch anjetzt in verschiedenen entlegenen Ulussen aufhalten. Man traute dieserwegen auch den zurückgebliebenen nicht viel zu; und hielt die Vornehmsten von ihnen, nämlich Adil Nursa und seine Anhänger, eine Zeitlang in gefänglichem Verhaft; auch ward vorgeschlagen, daß man sie nach einem andern Ort

Gouvernements.

in das Innere von Rußland transportiren sollte. Allein dieser Verdacht von ihnen ist verschwunden; wie man sie denn anjetzt gleich den übrigen irregulairen Truppen im Sommer auf den Vorposten gebraucht; allwo sie vieler Vortheile genießen, ohne einige Abgaben zu bezahlen, und deswegen ohne Sold dienen.

Das vorerwähnte Dragonerregiment von der Landmiliz hat hierinn das Besondere vor den übrigen Regimentern: daß ihnen bloß zwo Vestungen zu Wohnsitzen angewiesen, und sie nicht so, wie die andern Regimenter, in verschiedene Vestungen vertheilt sind. Dies ist deswegen geschehen, damit wenn man ihrer etwan in Orenburg und den übrigen nahe belegenen Vestungen benöthiget wäre, man sie bey der Hand haben, und sich ihrer als eines Corps de Reserve bedienen könne.

Uebrigens muß noch angemerkt werden: daß die zum Bau der Häuser in Orenburg nöthigen Balken, und übrige Holzwaaren in den an dem Fluß Ik, und an andern in die Sakmara fallenden Flüssen belegenen Wäldern gefällt werden, und im Frühjahr diesen Fluß herab bis nahe unter Orenburg herunter kommen; wie man sich denn, in Absicht des für eine so volkreiche Stadt, dergleichen Orenburg ist, zum Bauen und Brennen nöthigen Holzes, auf diese Gegenden, so weit die Sakmara gehet, fast die einzige sichere Rechnung machen kann. Derowegen sind auch zum bequemern Abflößen der Holzwaaren, die in der Samara und den in sie fallenden Flüssen gewesene Verschlemmungen weggeschafft, und diese Flüsse gereiniget worden; auch ist der Aufsicht wegen, daß die Wälder geschonet werden, aus Pretschistenskaja Krepost ein Oberofficier zum Waldmeister verordnet, der laut der ihm ertheilten Instruction darauf Acht haben muß, wie das Holz gefällt, und nach Orenburg herunter gelassen wird; und endlich ist eben dieser Ursache wegen, unterhalb Sakmarsk am Fluß Bolschaja

schaja Kargala eine Kron= Säge= Mühle angelegt. Damit aber diese Wälder nicht bloß auf einige Jahre, sondern für alle künftige Zeiten geschonet, und die Abflössung des Holzes so bequem als möglich gemacht werden möge; so ist nothwendig: daß nicht allein der Fluß Sakmara, und sämmtliche in ihn sich ergießende Ströme, wo zum Bau taugliches Holz wächst, bis an ihre Quellen von den darinn liegenden umgefallenen Bäumen und Verschlämmungen, ohne daran Kosten und Mühe zu sparen, gereiniget; sondern auch alle bishero wegen Schonung der Wälder ausgegebene Verordnungen weiter ausgedehnet, und deren Beobachtung aufs schärfste anbefohlen werden: damit diese zum menschlichen Leben unumgänglich nothwendige Sache für die Stadt Orenburg auf ewige Zeiten aufbehalten werde.

## Siebentes Kapitel.
### Von der krasnogorischen Distanz.

Diese so wohl, als die beyden nachfolgenden Distanzen, nämlich orskaja und kisylskaja, begreifen diejenigen Vestungen in sich, die von Orenburg den Jaik hinauf angeleget sind. Sie nimmt ihren Anfang 17 Werst von gedachter Stadt mit einer Redute, Neschinskoi genannt, als welche auf derselben Stelle errichtet ist, wo ehemals die Tscherkassen von dem Neschinskischen Regiment eine eigene Slobode angeleget, und viel Land zum Ackerbau aufgenommen hatten; denen aber nachhero auf ihr eigenes Verlangen, da die Kirgisen sie überfielen und diese sich nicht wehren könnten, verstattet ward, sich nach ihren vorigen Wohnplätzen in Klein Reussen zu begeben; einige von ihnen aber ließen

## Gouvernements.

sen sich in der kiuelschen Tscherkassen Slobode nieder. 27 Werst von dieser Redute am Flusse Wāsowka ist noch eine andere Redute errichtet, die von diesem Fluß den Namen hat; und noch 27 Werst hinter dieser Redute folglich 71 Werst von Orenburg liegt die erste und Hauptvestung dieser Distanz, nämlich Krasnogorskaja, die ich nebst den übrigen unter ihr stehenden allhier beschreiben will.

1) **Krasnogorskaja** Krepost liegt in der Gegend von Krasnaja Gora. Es ist eben dieselbe Gegend, wo man im Jahr 1741 die Stadt Orenburg zu erbauen anfieng. Anjetzt ist hier eine Canzeley und die Wohnung des Oberbefehlhabers dieser Distanz. Die Besatzung bestehet aus 2 Compagnien Dragoner vom sergijewschen Regiment, und einer halben Compagnie regulairer Mannschaft; wie auch aus 50 Mann in Sold stehender rußischer Kosaken und Tataren. Sie hat 300 Häuser, und eine Kirche zur Auferstehung Christi.

Zwanzig Werst von dieser Vestung ist unter dem Berge Gurjal die Gurjalische Redute. Wie die Stadt Orenburg und die dasigen Vestungen angelegt wurden, nahm man aus diesem Berge das zu den Fenstern nöthige Marienglaß; weil es aber weiß und zerbrechlich war, folglich zu Fensterscheiben nicht zu taugen schien; so hat man fast ganz aufgehöret, es hier zu brechen. Es möchte sich vielleicht bey einer genauern und fleißigern Untersuchung dieses Berges eine bessere Ader finden; allein es ist niemand, der sich darinn Mühe geben, und sie suchen will.

2) **Osernaja** Krepost hat ihren Namen von den vielen rund herum belegenen Inseln (Osero). Sie ward im Jahr 1736 zur Zeit des Staatsraths Kirilow erbauet, und mit Einwohnern von den Jaiker Kosaken, die sich selbst angaben, besetzt. Die Befestigung dieses Orts rund herum, die unter allen am Jaik belegenen

Vestungen, ausser Orenburg und orsKaja Krepost die beste und regulaireste ist, bestehet aus einem Graben und Wall, und an einigen Stellen sind Palisaden eingeschlagen. Sie liegt von Krasnogorskaja 39, und von Orenburg 110 Werst. Die Besatzung bestehet aus einer Compagnie Dragoner, und einer halben Compagnie regulairer Mannschaft, wie auch aus 50 Mann in Sold stehender rußischer und tatarischer Kosaken. Die Anzahl der Häuser ist 200, und die allhier befindliche Kirche hat den Namen zur Auferstehung des Herrn. Eine halbe Werst von dieser Vestung liegt unten an einem hohen Berge ein baschkirisches Dorf, Kantschurina genannt, die aus 12 Höfen bestehet, deren Bewohner zugleich mit den dasigen Kosaken Dienste thun.

Die Entfernung dieser am Jaik liegenden Vestung von dem Fluß Sakmara, beträgt nicht mehr als 12 Werst, und ist der ganze Weg bequem. Wie es also noch im Vorschlage war, die Stadt Orenburg in der Gegend von Krasnaja Gora zu erbauen, so kam zugleich der Entwurf aufs Tapet: daß man am nahen Ufer des Flusses Sakmara, einen Stapelort nebst einigen Wohnungen anlegen; daselbst alle von oben diesen Fluß herunter kommende Holzwaaren aufs Land ziehen, sie von da bis an den Jaik zu Lande führen, und von hier, nämlich von osernaja Krepost, wiederum den Jaik herunter bis Orenburg flößen wollte. 19 Werst von Osernaja ist eine Redute Nikolskoi genannt.

3) Iljinskaja Krepost, liegt von osernaja 42, und von Nikolskoi Redute 23 Werst, dicht am Ufer des Flusses Jaik, auf einem sehr vortheilhaften Platz. Sie ward im Jahr 1742 von dem wirklichen Geheimenrath und Ritter Jwan Jwanowitsch Neplujew erbauet, und Iljinskaja genannt: weil diese Stelle den 20 Juli, als am Tage Proroka Ilii (des Propheten Elias)

*Gouvernements.*

Elias) in Augenschein genommen und beschlossen ward, allhier eine Vestung zu bauen. Sie ist von Orenburg 152 Werst abgelegen. Ihre Besatzung, bestehet aus 2 Compagnien Dragoner, und einer halben Compagnie Fußvolk; auch stehet hier eine Kirche des Propheten Elias. 23 Werst von dieser Vestung, nach der Seite von Orskaja Krepost diesseits der guberlinischen Gebirge ist eine Redute errichtet, die Podgornoi genannt wird.

4) Guberlinskaja Krepost am Fluß Guberla, der aus den guberlinischen Gebirgen entspringet, und nicht weit von dieser Vestung in den Jaik fällt. Ihre Besatzung bestehet aus einer Compagnie Dragoner, und einer halben Compagnie regulairen Fußvolks; es ist hier eine Kirche Johannis des Vorläufers. Es liegt diese Vestung von Iljinskaja 50, und von Orenburg 202 Werst. 25 Werst von hier ist eine Redute Rasboinoi genannt, und 25½ hiervon liegt Orskaja Krepost, anfangs Orenburg genannt.

Wie der Staatsrath Kirilow, im Jahr 1735 seine erste Reise nach Orenburg that, stand das unter ihm stehende Commando auf dem Wege über diese Gebirge, wegen der vielen steilen und hohlen Stellen und Anhöhen, viel Ungemach und Beschwerde aus; überdem war es wegen der baschkirischen Unruhen einer großen Gefahr ausgesetzt. Ob nun gleich das Gebäcke und die sämmtliche Fuhren, an verschiedenen Stellen von den steilen Bergen herunter gelassen werden, und die ganze Nacht auf solchen Plätzen bleiben mußten; so daß viele von ihnen nicht wußten wo sie waren; so entkamen sie dennoch insgesammt den andern Tag glücklich der Gefahr. Wie darauf im Jahr 1740 der nunmehro verstorbene Generallieutenant Knäs Wasiley Alexejewitsch Urusow, nebst einem nicht kleinen Commando, die abtrünnig gewordenen Baschkiren zu Paaren zu treiben, auf diesen Gebirgen

birgen angekommen waren, so zeigten ihm einige Baschkiren die sich bey ihm befanden, und ihm ergeben waren, einen andern Weg, und zwar: ehe man auf vorgedachte Podgornoi Rebute ankömmt, zur linken den Fluß Orschanka hinauf, wo man nur über einen kleinen Berg kommt, der gar nicht steil ist, nachhero aber einen ebenen und bequemen Weg antrifft; die guberlinischen Gebirge aber bleiben zur Rechten. Dieser Weg bis Orskaja Krepost ist auch nicht viel weiter, als der erste der über die Gebirge gehet. Man siehet hieraus daß die Wegweiser, die den Kirilow bis an den Or führen sollten, letztern Weg mit Fleiß nicht haben zeigen wollen, um ihm die Reise nach Orenburg beschwerlich und gefährlich zu machen, und ihn davon künftig abzuschrecken. Auf dieser bequemern Straße, ward zur Zeit gedachten General-Lieutenants, um diese Reise noch bequemer zu machen, am Flusse Tschebakla eine Vestung erbauet; auch zogen alle die mit Fuhren reiseten, so lange der Handel nach Orskaja Krepost mit den asiatischen Kaufleuten und Nationen währete, diesen Weg. Da aber die Stadt Orenburg dahin, wo sie jetzt stehet, verlegt ward, und keine große Fuhren und Commandos mehr nach Orskaja giengen; indem aller Handel nach dem jetzigen Orenburg und nach Troizkaja Krepost gezogen ward: so nimmt man anjetzt den Weg nach Orskaja Krepost, mit leichten Fuhren größtentheils über diese Gebirge, auf Guberlinskaja Krepost; auch ward die am Fluß Tschebakla erbauete Vestung im Stiche gelassen: weil sie vom Jaik entfernet war, und das dasige Commando den Uebergang der räuberischen Kirgisen über den Jaik, der von ihnen nahe bey selbigen Gebirgen geschahe, nicht wohl verwehren konnte; es blieb also allhier bloß die guberlinische Vestung noch. Anlangend die Beschaffenheit der guberlinischen Gebirge, so wäre es gut, wenn sie von Personen, die sich auf das Bergwesen

wesen verstehen, untersucht würden. Ich will nur dieß allhier anführen: daß Herr Heinzelmann, der bey der Expedition des Herrn Staatsraths Kirilow, der Botanik und Naturgeschichte wegen, sich mit in der Suite befand, allhier Asbest (Stein- oder Erdflachs) desgleichen Ammons-Hörnlein (Cornu Amonis) und andere curiöse und verschiedene Farben habende Steine angetroffen; der Berg-Probirer Jasper aber an vielen Stellen Quarz *) gefunden hat. Dieß alles ist bishero ohne weitere Untersuchung geblieben; auch fehlet es hier an Leuten, die sich darauf verstehen. Vielleicht entdeckt man mit der Zeit in diesen Gegenden Sachen, die einen reellen Nutzen bringen.

## Achtes Kapitel.
### Von der orischen Distanz, und den zu selbiger gehörigen Vestungen.

Orskaja Krepost, liegt auf der Steppenseite des Flusses Jaik, zwo Werst von der Mündung des Flusses Or, der in den Jaik fällt. Den 15 August 1735 fieng der Staatsrath Kirilow an sie zu bauen, und gab ihr den Namen Orenburg; wie solches, so wie alle übrige dahin gehörige Umstände, in der orenburgischen Historie umständlich beschrieben ist. Sie ist bis nun zu unter allen neu angelegten Vestungen, ausgenommen das jetzige Orenburg, am besten und regulairesten

---

*) Quarz ist eine harte, herbe und taube Bergart, fast wie Kiesel-Stein. Es führet oft Silber und Gold, und machet die Schlacken weisser und durchsichtiger; ist auch oft ganz ausgesogen, wie ein Ofenbruch und leere Schlacken.

resten befestiget, und mit hinlänglicher Artillerie versehen. Ihre Besatzung bestehet aus zwoen Compagnien
Dragoner, und einer halben Compagnie Fußvolk; wie
auch aus 50 Mann Kosaken, die fast alle Tataren sind.
Und da diese Vestung unter allen am meisten südlich,
und folglich der Kirgiskaisakischen Steppe am nächsten liegt; und die Kirgisen der beyden Horden, nämlich der kleinen und mittlern allhier in der Nähe zum
öftern streifen; so hält sich der Befehlshaber von dieser
Distanz, sowohl deswegen, als auch wegen allerley vor-
fallender Geschäffte, beständig allhier auf. Die in dieser
Vestung befindliche steinerne Kirche zur Verklärung
Christi, ist auf einem Hügel erbauet, der rund, und
von einer ziemlichen Höhe ist, aus einem rothen Stein
bestehet, und Preobraschenskaja gora (der Preo-
braschenskische Berg) genannt wird. Es zeiget sich dahero diese Kirche von allen Seiten sehr weit, und giebt
der Vestung viele Zierde. Es sind so wohl in als ausserhalb der Vestung, gegen 300 Häuser. Man rechnet
ihre Entfernung von Guberlinskaja auf 50½ Werst;
allwo auf dem halben Wege eine Redute Rasboiboi
genannt, errichtet ist. Ausser dem sind oberhalb Orskaja, nach Tanalyzkaja Krepost zu, noch 2 Reduten; die eine Kalpazkoi liegt von Orskaja 31 Werst;
und die andere so Taraklinskoi heißt, ist von Kolpaz-
koi 28 Werst abgelegen. Die Weite von Orenburg
bis Orskaja Krepost, beträgt 250½ Werst. Bis an das
Jahr 1743 waren oberhalb Orskaja Krepost nach der
Seite von Werchojaizkaja Pristan gar keine Vestungen und Reduten. Allein in selbigem Jahr nahm
der wirklich Geheimerath und Ritter Iwan Iwanowitsch Neplujew, wie er aus Sibirien nach Orskaja Krepost kam, diese Gegenden in Augenschein, und
hielt es für gut, daß allhier den ehemaligen Ukasen
zufolge, an gehörigen Orten Vestungen angelegt würden;

## Gouvernements.

den; um dadurch sowohl eine bequeme Communication bis Werchojaizkaja Krepost zu verschaffen, als auch den räuberischen Baschkiren und Kirgiskaisaken, den Uebergang über den Jaik zu verwehren. Es wurden dahero hinter vorgedachten zwoen Redouten, nämlich Kalpaskoi und Teraklinskoi folgende Vestungen angelegt, die anjetzt noch im Stande erhalten werden, nämlich:

2) Tanalyskaja Krepost diesseit des Jaiks von Orska 73, und von Teraklinskaja Redute 14 Werst. Anfangs ward sie von dem Artillerie Lieutenant Telnoi auf einer Stelle erbauet, die einst im Frühjahr durch eine unvermuthete Wasserfluth überschwemmet ward; wodurch die Krone einigen Schaden litte: dahero man gezwungen war sie an den Ort, wo sie jetzt stehet, zu erbauen. Die Besatzung bestehet aus 2 Compagnien Dragoner, und einer halben Compagnie Fußvolk, die Kirche allhier hat den Namen der Mutter Gottes von Wladimir. Sie liegt von Orenburg 375 Werst. 23½ Werst hinter dieser Vestung den Jaik hinauf ist eine Redute Orlowskoi genannt. Von dieser Redute 15½ und von Tanalyskaja Krepost 39 Werst liegt

3) Urdasymskaja Krepost diesseits des Jaiks. Die Besatzung dieses Orts bestehet aus zwoen Compagnien Dragoner, und einer halben Compagnie Fußvolks. Die hier stehende Kirche hat den Namen der 3 Heiligen, Wasiley des Großen, Gregorii des Theologen, und Johannis Chrisostomi. Diese Vestung liegt von Orenburg 364½ Werst, hinter ihr sind drey Reduten: die Erste Beresowskoi liegt von ihr 19½, und die Zweyte Gräsnuschenskoi 74½ Werst. 30 Werst von dieser Redute aber, und 64 Werst von Urtasymskaja Krepost liegt

4) Kisylskaja Krepost an der Mündung des Flusses Kisyl; der aus den, dieser Vestung gegen über liegenden

den Gebirgen entspringet, und in den Jaik fällt. Es hat diese Vestung, die dem größten Theil nach, längst dem Jaik erbauet ist, eine vortreffliche Lage. Die Besatzung bestehet aus 2 Compagnien Dragoner, und einer halben Compagnie Fußvolk. Die hier befindliche Kirche hat den Namen Simeon des Empfängers Gottes, und der Prophetinn Hanna. Sie liegt von Orenburg 428 ½ Werst. 19 Werst von ihr ist eine Redute Syrtynskoi genannt, und von dieser 74 Werst liegt noch eine andere, die Angilskoi genannt wird. Hinter dieser Redute in einer Entfernung von 26, und von Kisilskaja Krepost 69 Werst liegt.

5) Magnitnaja Krepost. Diese Vestung hat ihren Namen, von dem in selbiger Gegend belegenen Magnetberg, der ein schönes und ergiebiges Eisenerzt hat. Die Besatzung dieses Orts bestehet aus einer Compagnie Dragoner und einer halben Compagnie Fußvolk. Die hier liegende Kirche hat den Namen zur heiligen Dreyeinigkeit. Diese Vestung liegt von Orenburg 497 ½ Werst; 26 Werst von derselben ist eine Redute, Werchokisylskoi genannt, und von dieser 23 Werst eine andere Redute, die Spaskoi heißt. Von dieser Redute 15 Werst und 64 Werst von Magnitnaja am Fluß Jaik, liegt die letzte Vestung, die schon zu der Uischen Linie gehöret, und werchojaizkaja genannt wird. Diese Vestung wird zuweilen auch Pristan (ein Stapelort) genannt: weil man anfangs auf den Entschluß gerathen war: alles Proviant, wie auch Eisen und andere Waaren hier abzuladen, und von hier zu Wasser nach Orenburg zu senden. Man war auch schon willens, damit den Versuch zu machen, und berief nach bemeldeter Pristan zur Verfertigung der Fahrzeuge besondere Meister. Da sich aber viele Hindernisse einfanden, besonders aber, weil oberhalb des Jaiks viele seichte Stellen, und verborgene Steine sind, die die Fahrt verhindern, hiernächst in der

der Gegend da herum, ein Mangel an tauglichem Holz zur Verfertigung der Fahrzeuge war: so hat man nun schon lange nicht mehr daran gedacht.

Beym Schluß der Beschreibung dieser Distanz muß noch erinnert werden: daß es in dieser ganzen Gegend an Bauholz fehlt; obgleich an Holz zum Brennen noch kein Mangel ist. Es ist zwar jenseit des Jaiks, ziemlich weit von dessen Ufern ein Wald, darinn Fichten wachsen; allein auch diese sind nicht sehr häufig; und überdem macht so wohl die Entlegenheit, als auch der Uebermuth der Kirgisen, die Abholung derselben beschwerlich.

## Neuntes Kapitel.
### Von den Vestungen der uischen Linie, die bis an die sibirische Gränze gehen.

Diese ganze Linie theilet sich in zwo Distanzen. Die Erste fängt sich an von Werchojaizkaja Krepost, allwo sich auch der Commandeur von dieser Distanz aufhält; zu dessen Gebieth Uklökaragaiskaja, Petropawlowskaja, und Stepnaja Kreposti nebst einigen Redouten gehören. Inzwischen bekömmt dieser Commandeur in Kriegssachen, größtentheils die Befehle von dem Befehlshaber in Troizkaja Krepost, dessen Direction auch die Grenzsachen übertragen sind. Diese Vestungen folgen sich folgendermaaßen in der Ordnung, nämlich:

1) Werchojaizkaja Pristan, ward schon im Jahr 1734 zur Zeit des Staatsraths Kirilow angelegt, und ist also ein Jahr älter, als Oiskaja Krepost, welche letztere einige Jahre nach einander, Orenburg ist genannt worden.

worden. Die gegenwärtige Werchojaizkaja Pristan, ist an einem andern Ort eine Werst weiter hinauf, den Jaik hinab zur Linken, und folglich auf derselben Seite, wo Orskaja lieget, angelegt, inzwischen gehen die allda gebaueten Häuser bis an den alten Platz. Was für Beschwerde und welche Hungersnoth die hiesige Besatzung, bey dem ersten Aufstande der Baschkiren ausgestanden; und wie sie von diesen Rebellen hinters Licht geführet und aufgerieben worden, solches ist in der orenburgischen Historie beschrieben; dahero es hier zu wiederholen unnöthig ist. Die gegenwärtige Besatzung besteht aus zwo Compagnien Dragoner, und einer Compagnie Fußvolks; auch halten sich hier einige Familien verabschiedeter Dragoner und Soldaten auf. Es sind hier gegen 200 Häuser, und zwo Kirchen; die eine hat den Namen zur Erscheinung Christi, und die andere zur Verkündigung Mariä. Sie liegt von Orenburg wenn man über die Vestungen durch Orskaja fährt 551½; den geraden Weg aber über Salairskaja 375 Werst. 15 Werst von Werchojaizkaja ist eine Redute angelegt, die Swijaschk genannt wird. In der Sajaikischen Steppe zwischen dieser und Stepnaja Krepost 60 Werst von Jener den geraden Weg ist ein altes steinernes Gebäude, davon niemand sagen kann, wer es erbauet. Man meynt: es sey solches von den in alten Zeiten hier gewesenen Tataren oder Kalmyken geschehen.

2) Uklykaragaiskaja Krepost liegt von Werchojaizkaja 32, und von Swiaschkoi Redute 20 Werst an einem See, Ukly-Karagai genannt, in dessen Gegend ein Fichtenwald ist, der von diesem See den Namen hat. Diese Vestung ist unter allen an der uischen Linie belegenen Vestungen, nächst Werchojaizkaja die älteste. Der Oberste, Iwan Tatischtschew, war veranlasset worden, sie zu erbauen: weil die räuberischen

## Gouvernements. 115

berischen Baschkiren im Jahr 1735 zur Zeit ihres ersten Aufstandes eine mit Proviant nach Orenburg gehende Caravane allhier überfallen hatten. Allein, der Herr Oberste überlegte bey Anlegung der Vestung nicht: daß der allhier belegene See schlechtes Wasser habe, und man frisches Wasser aus einem kleinen Fluß und aus Quellen, die ziemlich weit von da abliegen, holen müsse. Die Befestigung dieses Orts bestehet aus einem Wall und einem Graben; und da man das Fichtenholz hier sehr nahe hat; so sind an diesem Ort vortrefliche Häuser erbauet. Die Besatzung bestehet aus zwoen Compagnien Dragoner und einer halben Compagnie Fußvolks; auch halten sich hier einige Familien verabschiedeter Dragoner und Soldaten auf. Die allhier stehende Kirche hat den Namen Nikolai des Wunderthäters. Es liegt diese Vestung von Orenburg über Silairskaja und Werchojaizkaja Kreposti 407 Werst. 20 Werst von ihr ist eine Redute Jersedinskoi angelegt.

3) Petropawlowskaja liegt von Jersedinskoi Redute 22, und von Ukly Karagaiskaja Krepost 42 Werst. Sie wird deswegen so genannt, weil der Grund zu ihrer Erbauung am Tage Petri und Pauli gelegt ward. Die allhier stehende Kirche hat gleichfalls von diesen vornehmsten Aposteln den Namen: sie ist am Ufer des Flusses Kidysch, da wo er in den Ui fällt, erbauet. Ihre Besatzung bestehet aus zwoen Compagnien Dragonern, und aus einer Corporalschaft Soldaten: auch wohnen allhier einige abgedankte Soldaten. Diese Vestung liegt von Orenburg den geraden Weg 449 Werst. 23 Werst davon ist

4) Stepnaja Krepost, als welche eben so weit, nämlich 23 Werst von Petropawlowskaja abliegt. Diese Vestung wird deswegen Stepnaja genannt: weil sie unter allen am Ui erbaueten Vestungen die einzige ist, die diesen Fluß herab zur Rechten liegt. Die Besatzung

satzung dieses Orts ist eben so stark, und bestehet aus eben einer solchen Mannschaft, als die in Ulry Kara-gaiskaja. Die Kirche hat den Namen des Erzengels Michaels. Sie liegt von Orenburg den geraden Weg 472 Werst. 23 Werst davon ist eine Redute Podgornoi genannt; und von dieser 25 Werst noch eine andere am Fluß Samarka, die Samarskoi Redute genannt wird. 23 Werst von dieser Redute folget:

Die Zweyte, nämlich die Nieder-uische Distanz darinn:

5) Troizkaja Krepost, liegt nahe bey der Mündung des Flusses Uwelka. Sie wird deswegen Troizkaja genannt: weil der wirklich Geheimerath und Ritter Neplujew auf seiner Reise aus Sibirien im Jahr 1743 am Pfingsttage mit seinem ganzen Commando an diesem Ort sein Lager aufschlug, und hier eine Vestung zu erbauen sich entschloß. Sie ist unter allen neu angelegten Vestungen die beste und volkreichste. Der Handel und Vertauschung der Waaren gegen einander wird allhier seit dem Jahr 1750 mit den Kirgiskaisaken von der mittlern Horde und mit den asiatischen Kaufleuten; darunter besonders mit den Kaschkaren und Taschkentern, in allen Stücken auf eben die Art, wie in Orenburg getrieben; und die rußischen Kaufleute halten den hiesigen Handel in keinem Stücke für schlechter, als den orenburgischen: weil die Kirgisen von der mittlern Horde nicht nur zuverläßiger und reicher sind, als die von der kleinen Horde, sondern auch bessere Pferde zum Tausch mitbringen. Derowegen ist allhier ein Grenz-Zollhaus erbauet, und dabey ein besonderer Director nebst gehörigen Zollbedienten verordnet. Das Haus, wo die Waaren vertauscht werden, ist zwar nur von Holz; allein sehr schön gebauet, und liegt der Vestung gegen über auf der Steppenseite des Flusses, wo auch bemeldetes Zollhaus ist. Die Anzahl der Pack-

häuser

### Gouvernements.

häuser und Buden beläuft sich gegen 600. Es hält sich der Commandeur von dieser Distanz hier auf, als welchem, wie oben gedacht ist, auch die Grenzsachen übertragen sind. Die Besatzung bestehet aus zwoen Compagnien Fußvolks, nämlich: einer Grenadier= und einer Musquetier=Compagnie, wie auch aus 2½ Compagnien Dragoner. Es sind hier gegen 500 Wohngebäude, und zwo Kirchen: eine Hauptkirche von Stein, mit Namen zur heiligen Dreyeinigkeit, mit 5 Kuppeln, die ziemlich groß ist: und die zweyte, eine alte hölzerne Kirche gleiches Namens. Die Entfernung dieser Vestung ist von **Orenburg** über **Tschiläbinsk** (wo die isettische Provincialcanzeley ist, und wo eine Post von und nach **Orenburg** alle Wochen einmal gehet,) 687; von **Tschiläbinsk** 110, und von **Werchojaizka** gerade über die Linienvestungen 543 Werst. 28 Werst hinter ihr ist eine Redute, **Kljurschewskoi** genannt; von dieser Redute aber 25, und von **Troizkaja** 53 Werst liegt.

6) **Karakulskaja** am Fluß **Ujusch**. Sie hat den Namen von dem nahe dabey gelegenen See **Karakul**, oder **Tschernoje**, (der schwarze See). Ihre Besatzung bestehet aus 2 Compagnien Dragoner. Es ist hier eine hölzerne Kirche. Die Entfernung dieses Orts ist: von **Troizkaja** 53, von **Orenburg** über **Tschiläbinsk** und **Troizkaja** 735, gerade über die Vestungen aber 596 Werst. 24½ Werst von dieser Vestung liegt eine Redute, **Beresowskaja** genannt.

7) **Krutojarskaja** Krepost liegt von **Karakulskaja** 46, und von **Beresowskoi** Redute 21½ Werst. Die Besatzung bestehet aus zwoen Compagnien Dragoner; es ist hier eine Kirche von Holz. Diese Vestung liegt von **Orenburg** über **Tschiläbinsk** und **Troizkaja** 781, und den geraden Weg von **Werchojaizka** über die Vestungen 642 Werst. 24 Werst davon ist eine Redute, **Lugowoi** genannt.

H 3          8) **Ust**=

8) Ust-Uiskaja Krepost liegt nahe bey der Mündung des Flusses Ui, wo sie in den Tobol fällt, von Krutojarskaja 47, und von Lugowoi Redute 23 Werst. Ihre Besatzung bestehet aus 2 Compagnien Dragoner und einer Compagnie Fußvolks. Die Kirche hat den Namen zur heiligen Dreyeinigkeit. Es liegt diese Vestung von Troizkaja 146, von Orenburg über Tschiläbinsk und Troizkaja 828, und gerade über die Vestungen 689 Werst. 22 Werst von hier ist eine Redute, Katschardiskoi genannt: und von hier 28 Werst noch eine Redute, die Osernoi heißt: nach welcher in einer Entfernung von 14 Werst die letzte in dieser Linie befindliche Vestung kömmt, nämlich

9) Swerinogolowskaja am Fluß Tobol von Ust-Uiskaja 64, und von Osernoi Redute 14 Werst. Diese Vestung gehörte anfangs zum siberischen Gouvernement; allein im Jahr 1753 ward sie nach gepflogener Berathschlagung mit dem Generalmajor und Oberbefehlshaber über die siberischen Grenzvestungen Kindermann zum orenburgischen Gouvernement gezogen. Die Besatzung bestehet aus zwoen Compagnien Dragoner. Es ist hier eine hölzerne Kirche. Diese Vestung liegt von Troizkaja 210, von Orenburg über Tschiläbinsk und Troizkaja über die Vestungen 892, den geraden Weg aber von Werchojaiska über die Vestungen 753 Werst. Diese Swerinogolowskaja Krepost endiget die uische Linie, und folglich auch das orenburgische Gebieth. Denn die nächste hinter ihr in einer Entfernung von 59 Werst belegene Vestung Presnogorkowskaja gehöret schon zur sibirischen Linie.

Uebrigens ist hier noch anzumerken: daß nicht nur die Besatzungen in allen oben beschriebenen Vestungen, nachdem es Zeit und Umstände erfordern, entweder vermehret oder vermindert; sondern auch die Reduten; ja sogar

sogar die Vestungen bisweilen nach andern Plätzen hinverlegt, und neue und bequemere Wege gesucht werden. Hieraus aber entstehet in Absicht der Entfernung eines Ortes von dem andern eine Verschiedenheit, wovon man in den bey der orenburgischen Gouvernements-Canzeley vorhandenen Schriften viele Beyspiele antrifft. Auch gehen sogar mit den Distanzen nicht selten Veränderungen vor: indem aus zwoen Eine, und aus Einer zwo gemacht werden; als worinn man sich nach den Umständen und der Beschaffenheit der Commandeurs zu richten pflegt. So ist anjetzt die orische Distanz in zwo Distanzen eingetheilt; und hat der Commandeur derselben nicht mehr als 3 Vestungen unter seinem Gebieth, nämlich: 1) Orskaja, 2) Tanalyzkaja, und 3) Urdasynskaja; Kisylskaja und Magnitaaja aber machen eine eigene Distanz aus. Des Sommers sind ausser den gewöhnlichen Besatzungen die Vorposten mit irregulairen Völkern besetzt.

Beym Beschluß dieser troizschen Distanz müssen annoch folgende Umstände bemerket werden.

1) Auf dem alten Wege von Etkulskaja nach Troizkaja Krepost war 27 Werst von letzterer Vestung eine sumpfichte und kothichte Stelle, wo man jedoch ohne Beschwerde durchfuhr: auch stand auf dieser Stelle ein Werstpfosten. Nun aber ist daselbst ein nicht kleiner See entstanden, der so gar Fische hat: ob man gleich nirgends einen Zufluß von Wasser entdecket. Der Werstpfosten ist im Wasser stehen geblieben, und ragt noch hervor: dahero auch dieser See Stolbowoje (der Pfostensee) genannt wird.

2) Funfzig Werst von Troizka auf der neuen Sommerstraße nach Tuläbinsk ist ein großer See, den sie Sutasch oder Kamennoje nennen; als welcher von einem so großen Umfang ist, daß man ihn kaum in zween Tage umreiten kann. 20 Werst von diesem See seitwärts

wärts und 50 Werst von Troizka ist noch ein See, der **Karatibis** oder **Tschernaja Pad** genannt wird. Diese beyde Seen haben ein etwas salziges, der andere aber zugleich ein bitteres Wasser. In diesen Seen werden Karausche gefischt, die von Geschmack viel besser sind, als in andern Seen; auch sind in diesem sowohl, als in den übrigen dasigen Seen schwimmende Inseln von einem ziemlichen Umfang, die sie **Plauni** nennen: weil sie vom Winde von einem Ort zum andern hingetrieben werden. Auf diesen Inseln können zwar Menschen gehen; inzwischen ist es gefährlich: weil man wegen der beständigen Bewegung, und der vielen Hügel leicht durchfallen und versaufen kann. Es ist wahrscheinlich, daß diese Inseln, allmählig, da sich Erde zusammengesetzt, darauf Schilf gewachsen, entstanden sind; auf einigen von ihnen wachsen so gar Bäume. Auf diesen Inseln nisten im Sommer häufig Schwäne.

3) Am Fluß **Uwelka** den Strom herab zur Linken, 27 Werst von Troizka ist ein Schloß, welches in alten Zeiten die allhier gewesenen Völker aus großen viereckigten Backsteinen erbauet, und zu den Verbindungen an Statt des Eisens fichtene behauene Balken genommen haben. Anjetzt soll dies Schloß größtentheils verfallen, und sollen die Backsteine zum Bau von Troizkaja Krepost genommen seyn. Eben ein solches altes Schloß ist auch in der kirgiskaisakischen Steppe beym Ursprung des Flusses **Tausuk** 50 Werst von Troizka. Dies Schloß soll kein Dach haben; sonst aber unbeschädigt seyn.

4) In der Steppe, wo die mittlere Kirgisen Horde ihre Streifzüge hat, ist eine große Menge Seen, die theils salziges, theils süßes Wasser haben; auch sind hier fischreiche Flüsse, in welchen Biber gefangen werden, darunter einige vortrefflich, und weiß sind. Im Schilf halten sich **Kabani** (wilde Schweine) auf; allein

die

Gouvernements.

die Kirgisen erlegen sie nicht: weil sie ihr Fleisch nicht essen. Hiernächst ist in dieser Gegend viel Birken- und Fichtenwald; auch sollen hier viele Erzte und Mineralien angetroffen werden; dahero denn diese Gegenden verdienen, daß sie von geschickten und erfahrnen Männern genau untersucht werden. Das ebeleyische Salz, womit sich die ganze isettische Provinz versorgt, ist im ersten Theil bey Beschreibung der Salzseen beschrieben.

## Zehntes Kapitel.
### Von der Provinz Iset, und den zu deren Gebieth gehörigen Plätzen.

Es ward diese Proving im Jahr 1738, auf die Unterlegung des Herrn Geheimenraths und ehemaligen Oberbefehlshabers in Orenburg, Wasilei Nikititsch Tatischtschews, kraft einer speciellen Ukas Ihro Majestät der Kaiserinn, Anna Joannowna, glorreichsten Andenkens, in der Absicht errichtet: damit die Stadt Orenburg aus diesen kornreichen Gegenden mit Proviant und andern nöthigen Lebensmitteln versorget werden könne. Diese Provinz ist in Betracht zu ziehen:

Erstlich, in Absicht ihrer Districten; darunter drey, nämlich: Isetskoi, Schadrinskoi, und Okunowskoi, aus alten Wohnplätzen bestehen; und bloß, vorgedachter Ukas zufolge, vom sibirschen Gouvernement abgenommen und hieher gezogen sind. Der vierte Distrikt, heißt Kurtamyschkoi, und ist zwar auf Verfügung der orenburgischen Gouvernements-Canzeley von neuem errichtet; inzwischen sind sämmtliche hier gewesene Einwohner aus bemeldeten 3 Districten: weil es

H 5                                                    ihnen

ihnen da an Kornfeldern mangelt, von selbst ausgezogen, und haben sich hier auf ledigen Plätzen innerhalb der Linie niedergelassen.

Zweytens, in Absicht der Vestungen, die auf Veranlassung der von den Baschkiren im Jahr 1735 erregten, bis an das Jahr 1740 gedauerten Unruhen erbauet, und zur Sicherheit vor den Baschkiren mit Kosaken, die aus sibirischen Bauern bestehen, besetzt sind. Die Namen dieser Vestungen sind: 1) Tschilabinsk, 2) Mijaskaja, 3) Etkulskaja, 4) Tschebarkulskaja.

## 1) Isettischer District.

Er hat seinen Namen vom Fluß Iset, der 20 Werst oberhalb Catharinenburg aus dem See gleiches Namens entspringet, und 7 Werst oberhalb Jalutorowskoi Ostrog beym Dorfe Swinginoi in den Tobol fällt. Von diesem, als dem größten District, oder vielmehr von gedachtem Fluß hat die ganze Provinz den Namen bekommen. Der Hauptort dieses Districts ist Isetskoi Ostrog, wo auch die Statthalters-Canzeley dieses Districts ist. Laut den bey dieser Canzeley vorhandenen Nachrichten, ist dieser Ostrog im Jahr 7158, und also von dem 1760. Jahr zurück gerechnet, vor 110 Jahr von einem Kosaken, Namens Danilo Andrejew, auf eine vom tobolskischen Obergericht erhaltene Freyheit, zwischen Stariza und einem gewissen See, zur linken des Flusses Iset, auf einer Insel angelegt. Anfangs ward diesem Danilo Andrejew zur Anlegung der Ostrog so wohl, als auch einiger Dörfer, da damals noch keine andern Ostrogen und Wohnstätte vorhanden waren, ein großer Umfang von wüsten Plätzen (woraus nachhero auch die übrigen Ostrogen und Sloboden entstanden, und ihre Abtheilung bekommen) angewiesen; und da man die Absicht hatte, Sibirien zu bevöl-

## Gouvernements.

bevölkern, ihm zugleich die Erlaubniß ertheilet: allen denen, die aus verschiedenen großrußischen Städten und Districten zur Niederlassung anhero kommen wollten, allhier Plätze einzuweisen. Diesem zufolge meldeten sich bey dem Andrejew verschiedene Bauern, die sich für kasansche Reichsbauern ausgaben; wie auch einige von fremder Religion; als welche insgesammt aufgenommen wurden, und sich taufen ließen. Da aber nachhero so wohl in diesem als in andern Districten sehr viele Privatbauern entdeckt wurden; so fiengen die Erbherren an, so bald sie davon Nachricht bekommen hatten, Klage zu führen, und baten, daß ihre Erbbauern an sie ausgeliefert, und in ihre Heimathe zurück gesandt werden möchten. Weil nun diese Districte von Einwohnern sehr entblößt werden würden, wenn dies mit allen geschehen sollte; so erfolgte von Ihro Kaiserlichen Majestät bey Allerhöchst Dero Gegenwart im Senat, auf die Unterlegung des Herrn Geheimenraths und Ritters Neplujew, im Jahr 1743, eine specielle Ukas folgenden Inhalts: 1) es sollten die, anjetzt in den zum Gebieth der isettischen Provinz gehörigen Kron-Sloboden wohnende Bauern, welche vor der im Jahr 1719 gehaltenen Revision, ohne daß sie da angegeben worden, von ihren alten Wohnsitzen verlaufen, und sich hier niedergelassen; anbey nirgends anders, als bloß in gedachten Sloboden, zur Kopfsteuer angeschrieben wären, wenn sie gleich ehedem gewissen Privatedelleuten erblich zugehöret hätten; wegen der von gedachtem Herrn Geheimenrath angebrachten Gründe, und damit eine Provinz, ohne der das orenburgische Gouvernement nicht seyn könne, nicht ganz von Bauern entblößt werden möchte, aus vorgedachten Sloboden nicht weggenommen, und an niemanden abgegeben werden; sondern man solle sie ewig in dieser Provinz, in ihrer gegenwärtigen Verfassung lassen; auch bey der künftigen Revision dieser Provinz dinz zuschreiben, und den ehemaligen Erbherren bey der Recrutenlieferung zu gut anrechnen. 2) Diejenigen Bauern aber, die nach gedachter Revision vom Jahr 1719 ihre alten Wohnsitze verlassen, und bey den Stabhöfen zur Kopfsteuer angeschlagen wären, sollten insgesammt nach Vorschrift der ehedem darüber emanirten Ukasen nach ihren alten Wohnplätzen, von wo sie verlaufen, zurück gesandt; und die Seelengelder, bis zu der bey der neuen Revision zu machenden Einrichtung von den übrigen Bauern eingetrieben werden. 3) Wenn einige von den Bauern, die da hätten zurück gegeben werden sollen, unter die Recruten abgeliefert wären; so sollten in dem Fall die übrigen Bauern der Sloboden, für einen jeden unter die Recruten abgegebenen Kerl, an den Erbherrn, zur Vergütung seines Verlustes, wenn die Ablieferung vor Emanirung der Ukas vom 20. August 1739 geschehen, so viel als ein Recrute damals gegolten; von diesem Tage und Jahr aber an, 100 Rubel für jeden Kerl bezahlen: als welches bis nun zu auch so gehalten wird.

Dieser Ostrog hat von einem zur Befestigung an Statt eines Schlosses ein Pfahlwerk, mit 2 Thürmen und Ausfahrten. Innerhalb des Pfahlwerks ist die Canzeley, und das Haus des Statthalters; auch sind hier 2 hölzerne Kirchen, die Eine zur Verklärung Christi, und die Zweyte zur Mutter Gottes von Kasan. Rund um das Schloß liegen gegen 100 Wohnhäuser, die ein Pfahlwerk mit 3 Pforten einschließt. Neben einer von diesen ist ein Thurm, überdem aber sind rund herum Schlagbäume gemacht. Die Anzahl der in diesem Ostrog, desgleichen in den dahin verlegten vier Flecken und 23 Dörfern, wie auch bey der borowlänischen Brandweinsbrenneren befindlichen Kron-Bauern, beläuft sich nach der Revision, auf 4089 Köpfe männlichen Geschlechts. Jsetska liegt von Tschiläbinsk über

Scha=

## Gouvernements

Schadrinsk 304; und von Orenburg über Tschiljabinsk und Schadrinsk 870 Werst.

Von den merkwürdigsten Plätzen, die unter der isettischen Statthalterschaft ley stehen.

Mechonskoi Ostrog, ist im Jahr der Welt 7168 den Fluß Iset hinauf zur Linken, in der Gegend Mechonskoi genannt, erbauet worden; davon er auch Mechonskoi ostrog genannt wird. Er liegt von Isetska 50 Werst, die allhier befindliche Kirche hat den Namen Geburt Christi. Die Wohnhäuser, deren Anzahl sich auf 100 beläuft, sind mit Pfahlwerk eingeschlossen, in dessen Umfang 2 Thürmer nebst Ausfahrten sind. Die Einwohner sowohl in diesem Ostrog, als auch in 2 Flecken und 23 Dörfern, belaufen sich auf 1785 Seelen.

Krasnogorskoi Ostrog, ist im Jahr der Welt 7173 den Fluß Iset herab, zur Rechten am Arm dieses Flusses, 12 Werst von Isetska erbauet. Es ist hier eine Kirche des heiligen Georgii. Rund um die Wohnhäuser ist ein Zaun aufgeführt, und Schlagbäume gesetzt; auch ist hier ein Thurm nebst einer Ausfahrt. Die Zahl der Häuser ist 50. Nach der Revision sind in diesem Ostrog, und in den 12 dazu gehörigen Dörfern, vom männlichen Geschlecht 1053 Köpfe gewesen.

Beschkilskaja Sloboda, liegt von Isetska den Fluß Iset herunter, zur linken 28 Werst. Sie ist nach der Seite von Jalutorowskoi Ostrog, unter den zum isettischen Gebieth gehörigen Slobodden die letzte, und ist im Jahr 1776 oberhalb des Flusses Iset, an der Mündung des Flusses Beschkila erbauet, als von welchem Fluß sie auch den Namen bekommen. Es ist hier eine Kirche Nikolai des Wunderthäters. Rund um den Wohnhäusern ist ein Zaun gezogen, in dessen Umfang Schlagbäume angelegt sind. Dieser Ort liegt von

Jaluto-

Jalutorowskoi Ostrog 38 Werst. In dieser Slobode, und in 7 dahin gehörigen Dörfern, sind an männlichem Geschlecht 461 Seelen.

Ingalinskaja Sloboda, liegt von Isetska 30 Werst, den Fluß Iset herab zur Rechten, an dessen Arm der Igala heißt; und ist im Jahr 7184 erbauet. Es ist hier eine Kirche der großen Märterinn Catharina. Um alle Wohnhäuser deren 70 sind, ist ein Zaun gezogen. In dieser Slobode, und in einem dazu gehörigen Dorf, sind nach der Revision 227 Seelen.

Tersuzkaja Sloboda, ist im Jahr 7176 an dem sogenannten schnellen Arm, 43 Werst von Isetska, den Iset hinauf zur linken erbauet. Sie hat eine Kirche, die den Namen der heiligen und großen Märterin Catharina führt. Rund herum ist ein Zaun. Es sind hier 100 Häuser. Nach der Revision beläuft sich die Anzahl der Bauern so wohl in dieser Slobode, als in den zu ihr angeschlagenen 2 Flecken und 15 Dörfern auf 1634 Seelen.

Ust Mijaskaja Sloboda, liegt am Fluß Mijas, diesen Fluß herab zur linken; von Isetska den Fluß Iset hinauf, über Tersuzkaja Sloboda und Mechonskoi Ostrog; und weiter von hier den Fluß Mijas hinauf 75 Werst: indem letzterer Fluß 3 Werst oberhalb Mechonskoi Ostrog, in den Iset fällt. Mijaskaja Sloboda aber liegt von Mechonska 15 Werst. Die Kirche allhier hat den Namen zur Verklärung Christi. Rund umher ist Pfahlwerk, in deren Umfang ein Thurm; überdem ist um alle Wohnungen ein Zaun gezogen, und Schlagbäume gemacht. Die Anzahl der Höfe ist 70. Nach der Revision sind hier, desgleichen in einem Flecken und 13 Dörfern, 1101 Seelen gewesen.

Es beläuft sich also die sämmtliche Anzahl, der in oben beschriebenen, unter dem Gebieth der isetischen Statthalters Canzeley stehenden Ostrogen und Sloboben,

## Gouvernements. 127

den, lebenden, zur Kopfsteuer angeschlagenen Kronbauern, auf 10346 Seelen männlichen Geschlechts.

Hiernächst sind in dem isettischen District unter dem Gebieth der isettischen Stattshalts Canzeley, folgende Klöster.

Ein Mannskloster Raphailows genannt, von Isets-koi Ostrog 7 Werst, den Iset hinauf zur Rechten, dicht am Ufer dieses Flusses; rund herum ist ein kleiner Fichtenwald. Die Anzahl der zu diesem Kloster gehörigen, und theils um dasselbe theils in 5 Dörfern wohnenden Bauern, beläuft sich auf 530 Seelen. Das Kloster hat einen hölzernen Zaun. In demselben sind zwo hölzerne Kirchen; die Eine zur heiligen Dreyeinigkeit; und die andere zum Schutz der heiligen Mutter Gottes; und 10 Mönchszellen.

Koskago Monastira Saimka, liegt 27 Werst von Isetska, den Iset hinauf am Arm dieses Flusses zur linken. Hier ist eine steinerne Kirche mit zwo Kapellen; die Hauptkirche hat den Namen der heiligen Dreyeinigkeit, die Kapellen aber zur Verklärung Christi, und Nikolai des Wunderthäters; die zweyte Kirche ist von Holz, und hat den Namen Nikolai des Wunderthäters; rund herum ist ein hölzerner Zaun. Zu diesem Kloster gehören 3 Dörfer, darinn nach der Revision 697 Bauern sind.

Welikoustuschkago Archangelskago Monastira Saimka, sonst Archangelska genannt, liegt 18 Werst von Isetska, den Fluß Iset herab zur linken. In diesem Kloster ist eine hölzerne Kirche des Erzengels Michael; der Mönchzellen sind 5. Nach der Revision gehören zu diesem Kloster und ihren dreyen Dörfern 507 Bauern.

Die sämmtliche Anzahl der Kloster Bauern ist also 1715, und zusammen mit den Kronbauern 12066 Seelen. Sieben Werst von Isetska den Fluß Iset hinauf, gegen

128 Beschreibung des orenburgischen

gen Westen am Fluß Jurum, ist eine angenehme Gegend, wo man noch anjetzt einen von Erde aufgeworfenen Wall und einen Graben siehet, und daraus schließen kann, daß hier in alten Zeiten ein nicht kleines Gebäude muß gestanden haben. Diesem Ostrog nordlich sind viele aufgeworfene Hügel, die von den dasigen Einwohnern für Grabhügel, der alten siberischen Einwohner gehalten werden; was für Nationen aber hier gewohnet, solches kann niemand von den gegenwärtigen Einwohnern zuverläßig sagen.

Endlich sind in dem isetischen District noch folgende Sachen merkwürdig.

Eine Glaßhütte 15 Werst von Jsetska am Fluß Jusa, gehöret dem tschiläbinskischen Kaufmann Afsonasei Bitukow zu.

Eine Hutfabrike am Fluß Borowka, 7 Werst von Jsetsk, ist gleichfalls von Bitukow angelegt.

Eine Glaßhütte 23 Werst vom Fluß Duchowka gehöret dem tschiläbinskischen Kaufmann Fedor Tokarew und seinen Gebrüdern zu.

Eine Brandweinsbrennerey am Fluß Osinowka, 78 Werst von Jsetsk; gehörte ehedem der Krone; nachhero aber brachten Se. Erlauchten, der Graf Peter Jwanowitsch Schuwalow sie käuflich an sich.

Anderthalb Werst von Jsetsk ist ein See der völlig rund ist, und Terenkul genannt wird. Er hat einen sandigten Boden, und ein sehr klares Wasser. Die Länge sowohl wie die Breite, beträgt gegen anderthalb Werst. Besondere Gattungen von Fischen, findet man in allen dasigen Gewässern nicht, ausser den Fisch, den sie Melimo nennen, und der dem Weißfisch gleich kömmt. Auch findet man in dem isetischen District mineralische Erde und Farben, und zwar: giebt es in der Gegend von vorbemeldetem troizkischen Kloster,

Raphau

Raphailow genannt, Umber, dessen sich die dasigen Maler bedienen.

Hiernächst hat man zu Iserck oder Iseroka, den Fluß Juruma hinauf, unweit des Dorfs Jigina, an einem sumpfigten Ort Erde gefunden, die eine himmelblaue Farbe hat, und deren sich auch die Maler bedienen. Diese Farbe hat der wologodsche Kaufmann Martin Pochodäschin entdecket, als welchem von der Oberverwaltungs-Canzeley, der Sibirischen und kasanschen Bergwerke, die Freyheit ist gegeben worden, allerley Erz aufzusuchen. Er zählet diese von ihm entdeckte Farbe mit zu den Bergerzen, und darf niemand ohne seine Erlaubniß sie von da abholen. Endlich giebt es hier auch sehr weiße Thonerde, die wenn man sie wäscht, weich und rein wird: die eine findet man bey troizkoi Monastir, 7 Werst von Isetska, und die andere bey beschkilskaja Sloboda, den Fluß Iset herunter, ohnweit Sibirien 31 Werst von Isetska. Isetskoi Ostrog. liegt von Tobolsk über Tjumen 334, von Tschilabinsk, wo die isettische Provincial-Canzeley ist 304, und von Orenburg über Tschilábinsk und Schadrinsk, 876 Werst.

## 2) Schadrinskoi District.

Dieser District hat seinen Namen von dem Hauptort der Schadrinsk heißt; als welcher Ort nach den bey den Canzeleyen befindlichen Schriften, die man dieserhalb nachgesehen hat, von einem gewissen slobodischen Einwohner, Namens Juschka angeleget ist. Diesem Juschka mit dem Zunamen Solowei, ward den 30 September 7170 von Tobolsk, auf sein Anhalten die Freyheit ertheilet: im tobolskischen Kreis, zu welchem, wie man siehet alle diese Gegenden gehöret haben, auf einem wüsten Platz eine Slobode anzulegen, allda

Orenb. Topogr. II. Th.     J     freye

freye sich müßig herum treibende Leute aufzunehmen, und zu pflanzen, und ihnen Aecker auf gewisse Freyjahre zum Bau anzuweisen. Von dieser Zeit an bis auf das Jahr 1712, nannte man diesen Ort Schadrinskaja Sloboda; allein in diesem Jahr ward ihr auf die Verfügung des dasigen Commendanten Knäs Wasilei Meschtscherskoi, und auf einen Befehl aus Tobolsk, die Benennung Archangelskoi schadrinskoi Gorod beygeleget; und dem zu folge, ist sie sowohl in den Revisions-Büchern vom Jahr 1719, als auch bey den nachmaligen Revisionen, den Städten und nicht den Sloboden zugezählet. Es hat dieser Ort seinen Namen von dem Arm, der aus dem Fluß Iset ausgehet, und in ihn wieder zurück kehret, und Schadricha genannt wird, an dessen Ufer er angelegt ist. Die Befestigung bestehet darinn: daß rund umher um alle Wohnungen Schlagbäume gemacht sind: inwendig aber ein Pfahlwerk aufgezogen ist, und Thürmer gebauet sind; um welches Pfahlwerk von aussen Buden stehen: indem allhier alle Tage Markt ist, den sehr viele Menschen besuchen, wo allerley Waaren feil gehalten werden. Es sind drey hölzerne Kirchen, die eine zur Verklärung Christi, die andere des Erzengels Michael, und die dritte St. Nicolai des Wunderthäters. Zum schadrinischen Gebieth gehören 5 Flecken und 20 Dörfer: darinn nach der Revision an männlichem Geschlecht 2681, und an Privatbauern 35 Seelen sind. Von Orenburg bis an die Stadt Schadrinsk über Tschiläbinsk zählet man 756, und von Tschiläbinsk 184 Werst. Von letzterem Ort bis Tobolsk über Isetsk und Tjumen sind 459, und über Batschanka 434. Von Schadrinsk bis Isetsk aber 120, und bis Okunewsk 51 Werst.

## Gouvernements.

**Von den merkwürdigsten Plätzen, die zum Schadrinskischen Gebieth gehören.**

**Maslenskoi Ostrog,** liegt von Schadrinsk den Fluß Iset herab, beym Arm selbigen Flusses zur linken 18 Werst von Schadrinsk. Dieser Ort ist von dem vorgedachten slobodischen Einwohner Juschka Solowei angebauet, dem dazu laut einem Freyheitsbriefe aus Tobolsk vom 7. May 7176 die Befugniß dazu ertheilet ward. Er hat seinen Namen von dem allda befindlichen Fluß Maslenka, der in den Iset fällt. Es sind hier zwo hölzerne Kirchen: die eine zur heiligen Dreyeinigkeit, und die andere der großen Märterinn Catharina. Zu seinem Gebieth gehören drey Flecken und 22 Dörfer. Die Anzahl der Einwohner beläuft sich auf 2704: darunter sind 2139 auf die demidowschen Bergwerke abgegeben, und 470 haben sich in den neuen Sloboden niedergelassen: so daß nicht mehr als 95 von allerley Gattung von Einwohnern nachgeblieben sind.

**Barnewskaja Sloboda** ist von dem Fedka Masichin angelegt; dem dazu aus Tobolsk auf eine Ukas vom 31. Jul. 7194 die Freyheit, auf eben den Fuß, wie vorgedachtem Solowei, ist ertheilet worden. Sie hat den Namen vom Flusse Barnew, der gleichfalls in den Iset fällt; die allhier stehende hölzerne Kirche hat den Namen des heiligen Nikolai, um welche so wohl, als um sämmtliche Wohnungen ein Zaun gezogen ist. In den zu dieser Slobode angeschlagenen dreyen Flecken und 21 Dörfern beläuft sich die Anzahl der Bauern, nach der Revision auf 2373 Seelen; darunter zu den demidowschen Werken 868 abgegeben, und 346 nach den neuen Sloboden gezogen; so daß noch 1159 Seelen nachgeblieben sind.

In diesem ganzen District sind also an Kron-Bauern, nach Abzug derer, die sich anderswo in den neuen Sloboden niedergelassen, in allem 6942 Seelen.

In Schadrinskoi District liegt Uspenskoi Dalmatow Monastyr, um welches Kloster eine steinerne Ringmauer ist; auch sind die Kirchen, und die Zellen des Archimandriten, und der Brüder, alle von Stein. Und da dies Kloster überdem von einem weiten Umfang und von vortrefflicher Architectur ist; so kann man es mit Recht für das beste geistliche Gebäude im ganzen orenburgischen Gouvernement halten. Die Hauptkirche führt den Namen zur Himmelfahrt Mariä; die zweyte des heiligen Johannis Chrysostomi; und die dritte gleichfalls von Stein in der Vorstadt, Nikolai des Wunderthäters. Es liegt dies Kloster am Fluß Iset, diesen Fluß herab zur linken, das ist, nach der nordlichen Seite; von Schadrinsk den Iset hinauf 45, und von Tschiläbinsk, wo die Provincialcanzeley ist, 154 Werst. Den vorhandenen Nachrichten nach, ist dies Kloster im Jahr der Welt 7152 und folglich 22 Jahr vor Erbauung von Schadrinsk auf einen Stiftungsbrief des Erzbischofs von Tobolsk und Siberien Gerasim erbauet. Der erste Erbauer war der Mönch Dalmat, (von dem es auch den Namen Dalmatow bekommen,) ein Mann von einem heiligen und tugendhaften Leben; nach ihm aber hat sein Sohn Isak, der nachmals in selbigem Kloster Archimandrit war, den Bau fortgesetzt. Es wird erzählt: daß die Baschkiren, die damals in dieser Gegend gewohnt, diesen beyden Männern, wegen ihres heiligen und tugendhaften Lebens, nicht nur im Bau selbigen Klosters auf ihren Grund und Boden, keine Hinderung in den Weg geleget, sondern ihnen vielmehr darinn durch Hülfsleistung beförderlich gewesen wären. So wohl Vater

## Gouvernements.

Vater als Sohn sind in diesem Kloster begraben. Ohngefähr 25 Faden von diesem Kloster lag ehedem ein Jungfernkloster von Holz; allein es gieng vor einiger Zeit im Brande auf, und ward nachhero 50 Werst weiter in einer Gegend, werchte tschenskoje Poselje genannt, die zum Gebieth des Uspenskoi Klosters gehöret, aufgebauet. Das gegenwärtige Jungferkloster hat rings herum einen Zaun, wie auch eine Kirche und einen Glockenthurm von Holz. In dem zu diesem Kloster angeschlagenen einen Flecken und 14 Dörfern beläuft sich die Anzahl der Bauern, desgleichen der Klosterbedienten und Arbeiter, nach der Revision auf 2150 Personen. Bey vorbemeldetem Kloster ist alle Jahr den 6. December ein Jahrmarkt, welcher bis den 13. desselben Monats, und bisweilen länger dauert.

Die sämmtliche Anzahl der Kron- und Kloster-Bauern in dem Schadrinskischen District erstreckt sich auf 9098 Seelen.

Die merkwürdigsten Seen in diesem District sind folgende, nämlich: von Schadrinsk nordlich Mogilnoje 12, Medweschje 16, Kriwoje 30, und Täschkoje 35; südlich aber Mochowoje 25, und Peschtschasnoje 35 Werst. In diesen so wohl als allen übrigen dasigen Seen giebt es wenig Fische; auch ist im ganzen schadrinskischen District ein Mangel an Holz.

6 Werst von der Stadt Schadrinsk den Fluß Iset hinauf im Walde bey dem Ausfluß Gorodischtschenska ist das Städtchen Tschudskoja zu sehen, welches ehedem rund herum Wall und Graben gehabt hat; allein der Graben fängt schon an, an vielen Stellen zu verwachsen. Ueberdem siehet man an vielen Stellen Grabhügel; darunter 3 am merkwürdigsten sind, nämlich Zwey, acht bis 10 Werst von Schadrinsk nordlich in der Steppe hinter dem Walde; und der dritte Schadrinsk gegen über 3 Werst von dieser

J 3      Stadt

Stadt jenseit des Flusses Iset; dieser Hügel wird für den größten gehalten. Was für Nationen aber allhier in alten Zeiten gewohnet, und wer hier begraben ist, solches weiß niemand.

14 Werst von Schadrinsk den Fluß Iset hinauf zur Rechten, am Ufer dieses Flusses liegt Krasnomys= kaja Sloboda, die ehmals zum Schadrinskischen District gehöret hat; allein im Jahr 1732 den Catha= rinenburgischen Bergwerken zugeschlagen ist.

### 3) Okunewskoi District.

Dieser District ist der äusserste, und grenzt an den kirgiskaisakischen Steppen. Vor rußischen Zeiten sollen die Kirgisen und Karakapaken allhier ihre Streifzüge gehabt haben; dahero denn die hiesigen, besonders die an der Grenze wohnenden Einwohner, ehe die Kirgisen unter rußische Bothmäßigkeit gekom= men waren, vieler Gefahr und Verwüstung ausgesetzt gewesen, so daß ganze Gegenden von ihnen verheeret, und viele Einwohner in die Sclaverey geschleppt wor= den sind. Okunewskoi District hat seinen Namen von Okunewskoi Ostrog, wo der Uprawitel (Statt= halter) wohnet, und seine Canzeley hat; dieser Ostrog aber wird Okunewskoi genannt von dem See dieses Namens: als welcher von ziemlicher Größe ist, in der Mitte eine Insel hat, auf welcher Fichten wachsen. Aus diesem See fließt der Fluß Okunewska, der un= ter Okunewskoi Ostrog in den Mijas fällt, an wel= chem letztern Fluß zur Linken die zum Ostrog gehörigen Häuser, deren man gegen 100 zählet, erbauet sind. Die Befestigung ist hier eben so, wie bey den übrigen Ostrogen. Die zwo hölzerne Kirchen haben den Na= men, die eine zur Reinigung Mariä; und die zweyte zur Mutter Gottes von Kasan. Die Bevölkerung
dieses

## Gouvernements.

dieses Districts ist auf eine Verfügung aus Tobolsk im Jahr 7184 geschehen, und zugleich die Verordnung gemacht, daß aus den sibirischen und großreußischen Städten und Sloboden freye Leute, die sonst keinen Verbleib haben, und sich von freyen Stücken melden, angenommen, und allhier gepflanzt werden sollten. Da aber unter diesem Schein eine Menge verlauffener Privatleute und Bauern sich allhier niederließen: und die Erbherren darüber Klage führten, so wurden alle diese Erbleute an ihre Herren ausgeliefert. Die Anzahl der nachgebliebenen Einwohner in dem Ostrog, in zweenen dazu gehörigen Flecken und 24 Dörfern, belief sich bey der letzten Revision, ausser denen, die nach den neuen Sloboden gezogen, auf 1762 Seelen. Okunewsk liegt von Orenburg über Tschiläbinskaja Krepost 767, von letzterm Ort wird gezählt bis Okunewsk 195, bis Schadrinsk 50, bis Isetsk 110, und bis Tobolsk 424 Werst.

### Unter der Okunewskischen Statthalters-Canzeley stehen nachfolgende Oerter.

Karatschewskoi Vorposten oder Slobode am Fluß Mijas von Okunewsk 70, und von Tschiläbinsk 105 Werst. Dieser Ort ist im Jahr 1743 nach dem baschkirischen Aufstande, durch die aus den alten Districten der isettischen Provinz, größtentheils aber aus Schadrinsk hieher gekommene Einwohner bevölkert worden. Die Anzahl der Häuser ist 70; die Kirche hat den Namen der drey Heiligen, Wasilei des Großen, Georgii des Theologen, und Johannis Chrisostomi. Hieher gehören 9 Dörfer, in welchen bey der ehemaligen Revision 299 Bauern gewesen; nach der Revision aber sind aus dem Schadrinskoi District noch 206 zugekommen, so daß sich die sämmtliche Anzahl auf 505

Seelen beläuft. Dieser Vorposten hat seinen Namen vom Fluß Karatschewka, der unterhalb dieses Vorpostens 10 Faden von den Wohngebäuden in den Mijas fällt.

Tschumläzkaja Sloboda liegt gleichfalls am Fluß Mijas, von Okunewsk 105, und von Tschiläbinsk 70 Werst. Sie hat ihren Namen vom Fluß Tschumläk, der eine Werst von der Slobode zur Rechten in den Mijas fällt. Die Anzahl der Wohnhäuser ist 80. Die Kirche hat den Namen Nikolai des Wunderthäters. Vor der Revision waren zu dieser Slobode gar keine Dörfer angeschlagen; und es belief sich die Anzahl der dasigen Einwohner bloß auf 349 Personen: allein, nach der Zeit kamen aus dem Schadrinskischen District noch 147 Personen hieher, und ließen sich in 7 Dörfern nieder; so daß nun die Anzahl aller Einwohner 496 Personen ist.

Tetschenskaja Sloboda liegt von Okunewsk 120, und von Tschiläbinsk 80 Werst am Flusse Tetscha, der ohnweit Dalmatow Monastyr in den Iset fällt. Sie hat 100 Häuser, und eine Kirche zum Opfer Mariä. Zu dieser Slobode ist ein Flecken, Kalmyzkoi Brod genannt, angeschlagen. An eben diesem Fluß 20 Werst weiter oberhalb liegen 15 Dörfer; darinn nach der Revision an männlichem Geschlecht 1359 Seelen sind. Von diesen sind 115 ausgezogen, und haben sich in neue Sloboden begeben; so daß anjetzt noch 1244 Seelen nachgeblieben sind. Die isetrische Provinzial-Canzeley ist seit ihrer Verordnung bis an das Jahr 1743, da sie nach Tschiläbinsk ist verleget worden, allhier gewesen.

Peschtschanskaja Sloboda liegt von Okunewsk 100 Werst, und eben so weit von Tschiläbinsk am See Peschtschan. Sie hat 50 Häuser, und eine Kirche zur Reinigung Mariä. Zu dieser Slobode sind 6 Dörfer

## Gouvernements.

Dörfer angeſchlagen, darinn an männlichem Geſchlecht 455 Köpfe ſich befunden, nun aber, nachdem ſich einige wegbegeben, und in den neuen Sloboden niedergelaſſen, ſind 436 Einwohner vorhanden.

Butkinskaja Sloboda liegt von Okunewsk 130, von Tſchilābinsk 250, und von Schadrinsk 70 Werſt am Fluſſe Butka, der in den Fluß Bilākowka fällt; Bilākowka aber fällt in Pyſchma, und Pyſchma in Tira. Sie hat 70 Häuſer, und eine Kirche der heiligen Apoſtel Petri und Pauli. Es ſind zu dieſer Slobode ein Flecken Smolnoje genannt, und 18 Dörfer angeſchlagen, darinn nach der Reviſion an männlichem Geſchlecht 1602 Köpfe geweſen. Von dieſen haben ſich 376 nach den neuen Sloboden begeben, und ſind ihrer alſo 1226 Köpfe nachgeblieben.

Es ſind alſo in dem Okunewskiſchen Diſtrict an Kronbauern, nach Abzug derer, die ſich nach den neuen Sloboden begeben, in allem 5668 Bauern.

Auſſer dieſen der hohen Krone zugehörigen Sloboden iſt in dieſem Diſtrict noch:

Das erzbiſchöfliche Guth Woſkreſenskoje, welches ein Tafelguth des ſibeiriſchen Mitropoliten iſt, und am Fluſſe Mijas 35 Werſt von Okunewsk, und 140 von Tſchilābinsk abliegt. Die allhier erbauete Kirche hat den Namen zur Auferſtehung des Herrn. Zu dieſem Guth ſind bey der Reviſion 10 Dörfer, dazu 1116 Bauern gehören, angeſchlagen. Ueberdem haben ſich in dieſem Diſtrict nach der Reviſion in den beyden Dörfern Mijaſchka und Jurgamyſchka 57 Privatbauern niedergelaſſen.

Die ſämmtliche Anzahl alſo der Kron-Erzbiſchöflichen- und Privat-Bauern in dem ganzen Okunewskiſchen Diſtrict beläuft ſich auf 6860 Köpfe männlichen Geſchlechts.

Die merkwürdigsten Seen in diesem District sind folgende, nämlich: **Okunewskoje**; ist 20 Werst lang, 17 Werst breit. Nicht weit davon liegen 3 Seen, die gleichfalls nicht klein sind: **Ubijennoje**, **Tschascha**, und **Kulasch**; die sich alle im Frühjahr zu ergießen pflegen. Uebrigens ist in diesem District von allen übrigen ein Ueberfluß an Fischen, die so wohl in diesen großen, als auch in den übrigen Seen gefangen werden; allein Störe, Belugen, Sterletten, Lachse, Somi, (eine Art Aalraupen,) Schildkröten und Krebse giebt es so wohl hier, als in den übrigen Districten, nicht. In diesem District, und zwar von dem erzbischöflichen Guth, **Woskresenskoi**, fängt sich der sogenannte **ilezkoi Bor** (ilekische Fichtenwald) an, und erstrecket sich bis an den Fluß **Tobol** und bis an den **Jalutorowskoi** District, der zum sibirischen Gouvernement gehöret. In diesem Walde werden viele Grauwerke erlegt, die wegen ihrer vortrefflichen Felle, die besser sind, als die Felle der gewöhnlichen Grauwerke von diesem Walde **Jleski Belki** genannt werden.

Sonst werden in allen hier beschriebenen Districten viele Hermeline gefangen, die zu 10 bis 15, bisweilen zu 20 Rubel jedes 100 verkauft werden. Auch giebt es in diesen Districten in den Steppen wilde Katzen, die sich in Höhlen aufhalten. Sie sehen scheußlich aus, und sind kleiner als die Hauskatzen; die allergrößte kömmt jungen Hauskatzen bey. Sie haben alle ein graues Haar, allein ihr Fell taugt wohl zu nichts: denn man fängt sie nicht: und braucht ihr Fell zu nichts.

## 4) Kurtamyschkoi District.

Dieser District grenzt an den **Okunewskischen**, und ist obengedachtermaßen, im Jahr 1756, auf Verfügung der **orenburgischen Gouvernements-Canzeley** errichtet.

## Gouvernements.

errichtet. Er hat seine Benennung von Kurtamysch-kaja Sloboda, diese aber von dem Fluß Kurtamysch, an den sie erbauet ist. Ausser dem gehören zu diesem District noch zwo Sloboden, nämlich: Talowskaja und Kaminskaja. In diesen dreyen Sloboden, und in den zu ihnen angeschlagenen Dörfern beläuft sich die Anzahl der Bauern, die nach der Revision aus verschiedenen andern Districten dieser Provinz sich hier niedergelassen, auf 3356 Köpfe.

Die Veranlassung zur Besetzung dieser Sloboden mit Einwohnern gaben die Kronbauern der vorbeschriebenen 3 Districten, als welche der orenburgischen Gouvernements-Canzeley vorstellten: die Ländereyen, die sie besäßen, wären von schlechter Beschaffenheit; auch hätten sie nicht so viel Land, daß sie für sich so wohl, als zur Bezahlung der Abgaben Korn bauen könnten; sie bäten also, man möchte ihnen innerhalb der uischen Linie unbebaute Plätze zum Anbau einweisen; wogegen sie sich verbunden: das zur Verpflegung der Truppen, in den ihnen am nächsten belegenen Vestungen, Swerogolowskaja, Ust-Uiskaja, und Krusrojarskaja, nöthige Proviant an Mehl, Grütze und Haber, jedesmal so viel als erforderlich seyn würde, mit eigenen Fuhren zu liefern, ohne für den Anspann einige Bezahlung zu fodern; worauf ihnen denn auch sich hier niederzulassen erlaubet ward. Diesemnach ward im Jahr 1745 Kurtamyschkaja, 1747 Talawskaja, und 1749 Kaminskaja Sloboda mit Einwohnern besetzt. Diese 3 Sloboden gehörten bis an das Jahr 1756 zum Gebieth des okunewskischen Statthalters; in diesem Jahr aber wurden sie, wie oben gemeldet ist, zu einem besondern District gemacht, der nach der ersten Slobode Kurtamyschkaja genannt ward.

Es ist diese Slobode am Fluß Kurtamyscha 205 Werst von Tschiläbinsk angelegt. Die Anzahl der

140 Beschreibung des orenburgischen

Wohnhäuser, die einen Bezirk von 300 Faden in der Länge, und 150 Faden in der Breite einnehmen, ist 100. Die allhier erbaute Kirche hat den Namen der heiligen Apostel Petri und Pauli. Rund um die Wohnhäuser sind Palisaden gezogen, und Schlagbäume gemacht. In dem zu dieser Slobode gehörigen einen Flecken und 7 Dörfern sind nach der Revision 1253 Einwohner.

Talowskaja Sloboda liegt von Tschiläbinsk 180, und von Kurtamyschkaja, wo der Statthalter wohnt, 35 Werst, am Fluß Talowka. Es ist hier eine Kirche des Propheten Elias. Die Anzahl der Häuser ist 70; als welche einen Bezirk von 150 Faden in der Länge und 200 Faden in der Breite einnehmen, und rund herum einen hölzernen Zaun, mit Schlagbäumen haben. In dem zu dieser Slobode gehörigen einen Flecken und 8 Dörfern sind nach der Revision 1341 Einwohner. In der Gegend dieser Slobode sind viele Seen, wo sich eine Menge von Schwänen und eine Art Vögel Baba *) genannt, aufhalten. Letztere sind so weiß wie die Schwäne, nähren sich von Fischen, und haben einen Kropf, der einem Sack gleicht, worinn sie einen Vorrath von Speise auf den Nothfall verwahren.

Kaminskaja Sloboda, liegt von Tschiläbinsk 245, und von Kurtamyschka 40 Werst. Diese Slobode ist die nächste an den Linien Vestungen: denn sie ist von Swerinogolowskaja 38, und von Presnogorkowskaja die zum sibirischen Gouvernement gehöret, 60 Werst abgelegen. Sie hat den Namen Kaminskaja vom Fluß Kama, weil sie nicht weit von diesem Fluß, und nur 2 Werst von dem Tobol, an einem Arm Roschajew genannt, angelegt ist. Die hier erbauete

*) Dieser Vogel ist im ersten Theil dieser Topographie im 6ten Kapitel beschrieben.

## Gouvernements.

bauete Kirche hat den Namen der heiligen Dreyeinigkeit. Die Anzahl der Wohnhäuser ist 62; der ganze Bezirk der Slobode beträgt in der Länge 400, und in der Breite 250 Faden; rund herum ist ein Zaun mit Schlagbäumen. In den zu dieser Slobode angeschlagenen fünf Dörfern sind 762 Einwohner; als welche vom Fischfang in dem Tobol, und in den da herum liegenden Seen, ein gutes Nahrungsgewerbe haben. Besonders werden hier Karauschen von einer ausnehmenden Größe gefangen, so daß eine einzige 5 bis 8 Pfund wiegt. Auch giebt es in dieser Gegend kleine Salzseen und Salzquellen, die zwar ein etwas bitteres Wasser haben, welches aber jedoch im Nothfall in Speisen, an Statt des Salzes gebraucht werden kann.

Uebrigens ist von allen in vorgedachten Districten, der isettischen Provinz befindlichen Kronbauern zu merken: daß ein jeder von ihnen an die Krone nur 70 Kopeken bezahlet; und daß sie für die ihnen erlassene 40 Kopeken, ehedem schuldig gewesen sind, eine Desätine*) Kronland abzupflügen, und von jedem Hofe alle Sommer eine Desätine Roggen, und eben so viel Haber zu erlegen. Weil aber bey dieser Einrichtung, sowohl in Absicht der Bestellung der Arbeiter, als auch der Erhebung des jährlichen Korns, den Bauern von den Verwaltern viel Bedruck zugefüget ward; und die Krone davon keinen Nutzen hatte: so ward diese Art der Bestellung der Kronfelder, auf Ansuchen der Bauern, zur Zeit des wirklich Geheimenraths und Ritters Neplujew, im Jahr 1743 allenthalben aufgehoben, und müssen

---

*) Eine Dessätina ist ein gewisser Theil Landes, oder ein Feld, ohngefähr wie man in Deutschland Ländereyen in Morgen eintheilet, und enthält eine Dessätina 210 Fuß Rheinländisch in der Breite, und 560 in der Länge.

**142** Beschreibung des orenburgischen

sen gedachte Bauern, nunmehr an Statt der 40 Kopeken alle Jahr, die Aernde möge ausgefallen seyn, wie sie wolle, von jedem Hofe, so wie diese bey der Revision aufgenommen sind, 3 Tschetwert 6 Tschetwerik Roggen, und eben so viel Haber bezahlen. Diese Abgabe wird nicht nach den Köpfen, sondern nach dem Vermögen, und sonstigen Beytrag eines jeden von den Bauern selbst repartirt: und beträgt jährlich von allen Districten 13707 Tschetwerte 7 Tschetwerik Roggen, und eben so viel Haber; welchen die Bauern selbst nach den Magazinen führen, und allda abliefern müssen. Muß dies Proviant aber nach den an der Linie belegenen Vestungen geführt werden, so werden gedachte Bauern, (da allda keine freye Leute die es übernehmen vorhanden sind,) zu dessen Transport dahin entboten; und wird ihnen das Fuhrlohn nach der vorgeschriebenen Taxa bezahlt.

Die Anzahl der zur Kopfsteuer angeschriebenen Bauern in allen diesen Districten ist: 26277 Kron - 3867 Kloster - 1116 Erzbischöfliche - 92 Privat - in allem 31352 Bauern.

Nachdem also die 4 Districten der Provinz Iset beschrieben sind, so folgen nunmehro diejenigen Vestungen, die, laut obiger Anzeige, auf Veranlassung des ersten baschkirischen Auffstandes, sind angeleget worden. Diese blieben zwar, da man an der utschen Linie, Vestungen anzulegen anfieng, innerhalb selbiger Linie an der Grenze von Baschkirien; jedoch so, daß sie hinter diesen Vestungen die Linie mit ausmachen.

1) **Mijaskaja Krepost**, ist die nächste von den alten Wohnstätten: Denn sie lieget von den alten Flecken **Kalmyzkoi Brod**, nicht weiter als 33, von Tschiläbinsk 27, und von Orenburg 599 Werst. Sie ist am Fluß **Mjas** unterhalb Tschiläbinsk erbauet. Ihre Besatzung bestehet aus 143 dienenden Kosaken. Die hier erbauete Kirche führt den Namen des Propheten **Elias**.

**Gouvernements.**

Elias. Zur Befestigung sind rund herum Pfähler eingeschlagen, in deren Umfang ein Thurm stehet, wobey eine Ausfahrt ist; auch sind hier Schlagbäume gemacht.

2) Tschilábinskaja Krepost, ist nicht nur unter allen neu angelegten isettrischen Vestungen, sondern auch unter allen übrigen Oertern dieser Provinz der allerwichtigste Ort: denn ihre Lage von der Seite von Baschkirien ist vortrefflich; und um der Ursache willen, hat allhier seit 1743 der Wojewode seinen Auffenthalt; auch sind hier: die Provinzialcanzeley; die Kopfsteuer-Kammer, das Consistorium, und das Rathhaus. Sie ward anfangs am Flusse Mijas, diesen Fluß herab zur Rechten angelegt; anjetzt aber sind auch auf der andern Seite, gegen 100 Häuser aufgebauet. Die Befestigung dieses Orts bestehet aus einem Schloß, oder kleinen Vestung von Holz mit 2 Thürmen mitten in dem Flecken; rund um alle Wohnhäuser aber, an beyden Seiten des Mijas ist ein Pfahlwerk, nebst Schlagbäumen, und 3 Thürmen mit Ausfahrten. Es stehen hier 354 Mann dienender Kosaken; auch halten sich an diesem Ort, ein Weißkowoi Ataman und acht Aeltesten auf, als welche über sämmtliche in der isettrischen Provinz befindliche irregulaire Truppen das Commando haben. Ueberdem hat die Provinzialcanzeley, zu allerley Versendungen eine besondere Compagnie; die, wenn sie vollzählig ist, eben so viele Mannschaft hat, als eine Compagnie von der Infanterie. Man zählet an diesem Ort an Kaufleuten, die in der Gilde aufgenommen sind, 192; und an Bauern und Hofleuten die bey der Revision angeschrieben sind, 42 Köpfe. Hiernächst haben sich nach der Revision in dem Dorfe Balanginoi, welches 15 Werst von Tschilábinsk liegt, 154 Einwohner die aus Schadrinsk dahin gekommen, nieder gelassen. Die Anzahl der Häuser sowohl diesseits als jenseits des Mijas, beläuft sich auf 500: auch sind hier zwo Kirchen;

die

die eine von Holz Nikolai des Wunderthäters, stand schon wie die Provinzialcanzeley anhero verlegt ward, als welche Canzeley, wie schon oben gedacht ist, ehemals in Teneschkaja Sloboda 80 Werst von Tschiläbinsk; und eine Zeitlang in Tschebalkulskaja Krepost gewesen ist. Die zweyte Kirche ist von Stein, und zur Zeit, wie die Provinzialcanzeley schon hier war, erbauet. Tschiläbinskaja Krepost liegt von Orenburg, die Poststraße über Selairskaja Krepost 572; von Troizkaja Krepost 110; von Catharinenburg 200; von Tjumen 384 Werst; von Tjumen bis Tobolsk aber rechnet man 254 Werst; und also liegt Tschiläbinsk von Tobolsk 638 Werst.

In dem Tschiläbinskischen Kreis, ist zu mehrerer Bequemlichkeit ein District, der nach dem Fluß Uwelka Uwelskoi genannt wird, gemacht; allwo sich, so wie es bey Kurtamyschkaja geschehen ist, viele aus alten Districten, von freyen Stücken niedergelassen haben. In diesem District sind folgende Sloboden.

Kundrawiaskaja am See Kundrawani, ist auf einem zu Tschebarkulskaja Krepost gehörigen Lande erbauet; allwo der Fluß Uwelka entspringt, der eine Werst unterhalb Troizkaja in den Ui fällt. In dieser Slobode ist die Kirche der heiligen Paraskenija, dahero sie auch Pätniska genannt wird. Der Bauerhöfe sind 80. Die Slobode liegt von Tschilabinsk 70; von Tschebarkulskaja Krepost 15; und von Uiskaja 40 Werst; sie hat rund herum einen Zaun mit Schlagbäumen. Es wohnen hier 242 Bauern, die bey der Revision zu verschiedenen Sloboden angeschrieben sind. Im Jahr 1758 ward sie angelegt, und mit Einwohnern besetzt.

Werchouwelskaja Sloboda, liegt am Fluß Uwelka, diesen Fluß herab zur Linken, auf Tschebarkulskischen Lande, von Kundrawskaja Sloboda die

Uwelka

## Gouvernements.

Uwelka herunter 30, von Tschebarkulskaja 40, von Tschiläbinsk 75, und von Troizkaja 70 Werst. Sie hat eine Kirche des heiligen Georgii; und 120 Bauerhöfe; um welche ein Pfahlwerk gezogen und Schlagbäume gemacht sind. Diese Slobode ward im Jahr 1751 angelegt. Die Anzahl der Einwohner, die bey der Revision in verschiedenen Sloboden dieser Provinz angeschrieben sind, beläuft sich auf 403 Köpfe.

Nischneuwelskaja Sloboda liegt gleichfalls am Fluß Uwelka zur Linken den Strom herab; von werchouwelskaja 30; von Troizkaja 50; von Tschiläbinsk über Etkulskaja 75; und von Etkulskaja 45 Werst. Sie hat eine Kirche Nikolai des Wunderthäters, und 150 Bauerhöfe. Die Anzahl der Bauern, die bey der Revision in verschiedenen Districten dieser Provinz angeschrieben sind, beläuft sich auf 457 Köpfe. Rund um alle Wohnungen ist ein Pfahlwerk mit Schlagbäumen. Diese Slobode ward im Jahr 1749 angebaut.

Es sind also in allen diesen dreyen Sloboden an Kronbauern, in allem 1102 Köpfe.

In dem tschiläbinskischen Gebieth ist ein Eisenwerk Kaslinskoi genannt, welches dem wirklich Geheimenrath Nikita Demidow zugehöret, und 90 Werst von Tschiläbinskaja Krepost liegt. Zu diesem Eisenwerk sind bey der Revision; und nachhero auf eine Ukas des dirigirenden Senats, und der orenburgischen Gouvernementscanzeley, an Leuten die aus unächter Ehe gezeugt sind, 354 Köpfe männlichen Geschlechts angeschlagen.

Das Zweyte, dem Demidow gleichfalls zugehörige Eisenwerk Kischrymskoi genannt, liegt von Tschiläbinsk 80 Werk. Im Erstern sind die Gebäude von Holz; und darinn 1 hoher Ofen und 11 Hämmer; im

Zweyten aber welches von Stein aufgeführet, und mit eisernen Platten gedeckt ist, sind 2 hohe Oefen und 12 Hämmer.

Es sind also in Tschiläbinskaja Krepost, und in dessen Gebieth 1844 Köpfe männlichen Geschlechts, die zur Kopfsteuer angeschrieben sind.

Die sämmtliche Anzahl aber, der in dieser ganzen Provinz zur Kopfsteuer angeschlagenen, Kron- Kloster- Erzbischöfliche- Privat- und zu den Bergwerken angeschriebenen Bauern und Einwohnern, beläuft sich auf 32879 Köpfe.

3) *Etkulskaja* Krepost am See *Etkul*, liegt auf dem Wege nach *Troizkaja* Krepost, von *Tschiläbinsk* 30, von *Troizkaja* 80, und von *Orenburg* über *Kojelskoje* Selo 602 Werst. Es sind hier 309 Mann in Diensten stehende Kosaken, und 300 Häuser. Die Kirche hat den Namen zur Verklärung Christi. Rund herum ist ein Pfahlwerk, nebst Thürmen und Schlagbäumen.

4) *Tschebarkulskaja* Krepost, am See *Tschebarkul*, der in der Länge ohngefähr 8, und in der Breite 6 Werst beträgt; und in welchem 10 theils große, theils kleine Inseln sind, die Holzungen haben. Sie liegt von *Tschiläbinsk* auf dem neu angelegten Wege 64, und von *Orenburg* 508 Werst. Es liegen allhier, laut den Verzeichnissen 291 Mann in Diensten stehender Kosaken. In dem Bezirk der Vestung sind 300 Höfe: die Kirche hat den Namen zur Reinigung Mariä. Rund herum ist eine Befestigung von Pfahlwerk nebst Schlagbäumen gemacht.

Im ersten Theil dieser Topographie ist gesagt, was maßen 5 Werst von *Tschebarkulskaja* Krepost ein weißer Thon gegraben werde, daraus man Porcellain machen

## Gouvernements.

machen könne; und daß hier zu dem Ende von Ihro Kaiserlichen Majestät Kabinet zum Waschen des Thons ein eigenes Haus erbauet sey).

5) Uiskaja Krepost beym Ursprung des Flusses Ui. Da diese Vestung von Werchojaizkaja Pristan ziemlich weit zur linken abliegt; so wird sie auch nicht zur uischen Linie gerechnet, und ist die hier ehedem gewesene Besatzung in die Linien-Vestungen eingelegt. Anetzt sind in Uiskaja Krepost an Kosaken, die in wirklichen Diensten stehen, ausser den Alten und Minderjährigen, 137 Mann. Es sind hier 100 Höfe; die Kirche hat den Namen Johannis des Vorläufers. Die Befestigung des Orts ist eben so, wie bey den übrigen Vestungen. Es liegt diese Vestung von Tschilabinsk 25, und von Werchojaizkaja Pristan 75 Werst. Die von der isettischen Provinzialcanzeley und Troizkaja Krepost, zwischen Orenburg und Tschilabinsk, alle Woche einmal ab- und zugehende Post, nimmt ihren Weg von Werchojaizkaja Pristan über diese Vestung; und dahero sind längst dem geraden Weg von hier nach Tschilabinsk zur Beförderung der Post einige Stationen errichtet, als welche Eine von der Andern in folgender Entfernung liegen: von Werchojaizkaja bis Iklykaragaiskaja 32; von hier bis Uiskaja 44; von hier bis Kumlanskoi Jam 30; von Kumlanskoi Jam bis Selo Kojelskoje 31; von hier bis an den Fluß Alexejewska, wo Baschkirskoi Jam ist, 26; von da bis an den Bach, wo gleichfalls eine Poststation ist, 23; von hier bis Tschilabinsk 11. In allen von Werchojaizkaja bis Tschilabinsk 197; von Orenburg aber bis Werchojaizkaja über Salairskaja, die Poststraße 375; und bis Tschilabinsk 572 Werst.

6) Kojelskaja Krepost liegt an der Mündung des Flusses Kojel, der in die Uwelka fällt, von Tschilabinsk

binsk auf der orenburgischen Straße 60 Werst. Die hier erbauete Kirche hat den Namen des Archimandriten Michael; an Kosaken, die in Diensten stehen, haben sich hier 94 Mann niedergelassen. Zur Befestigung des Orts hat man ein Pfahlwerk rund um alle Wohnungen gezogen, und Schlagbäume gemacht. Unterhalb der Vestung zur Rechten, ohngefähr 10 Werst davon, auf dem Wege nach Kitschigina Krepost, sind verschiedene Höhlen, die man von oben nicht sehen kann; sondern man wird bloß auf der flachen Steppe eine Grube gewahr; wenn man sich aber in selbige herunter läßt: so entdecket man allda viele besondere Höhlen, die ihre Abtheilungen haben, gleich als wären es Zimmer; in Einer von diesen Höhlen ist eine Quelle: es sollen sich in vorigen Zeiten die Roskolniken allhier versteckt gehalten haben.

7) Sanarskaja Krepost am Fluß Sanarka, liegt von Kojelskaja 45, von Tschiläbinsk 105, und von Stepnaja Krepost, die zur Linie gehöret, 15 Werst. Die Anzahl der Bauerhöfe ist 25: und der Kosaken, die sich aus Tschebekulskaja und andern Vestungen hieher begeben, und sich hier niedergelassen haben, 56. Rund um den ganzen Platz, so weit er angebauet ist, ist ein Pfahlwerk gezogen. Noch ist hier keine Kirche.

8) Kutschigina Krepost liegt in der Linie der Etkulskaja Krepost am Fluß Uwelka, diesen Fluß herab zur linken von Tschiläbinsk über Etkulskaja 68; von dieser aber 38 Werst; vor Troizkaja bis Nischnaja Uwelskaja sind 7; und von Kutschigina bis Troizkaja 57 Werst. Es sind allhier 50 Häuser, und 78 in Diensten stehender Kosaken; die von Etkulskaja Krepost anhero versetzt sind. Rund um den ganzen Bezirk der Wohnungen ist ein Pfahlwerk mit Schlagbäumen gezogen. Noch ist hier keine Kirche.

Die

## Gouvernements. 149

Die ganze Anzahl der in obbeschriebenen Vestungen eingelegten in Diensten stehenden Kosaken beläuft sich, laut den Rollen, auf 1476 Mann.

Ausserdem sind in dieser Provinz 229 Höfe, wo einige dienende Nationen wohnen, als: 166 Meschtscherjaken, 31 Garten, und 32 Ajakin-Kalmyken. Auch wohnen hier, laut den Revision-Verzeichnissen, 419 itschkinische und 196 bagaråkische Tatarn. Letztere, nämlich die itschkinischen und bagaråkischen Tataren bezahlten ehedem einen jährlichen Zins von 50 Kopeken; nun aber ist ihnen dieser Zins so, wie allen Baschkiren erlassen.

Uebrigens stehet die isettische Provinz, so wie die ganze Uische Linie in Kirchen- und andern geistlichen Sachen unter dem Mitropoliten von Siberien. Ihre Grenze gehet längst den neuerbauten Vestungen, und dem kurtamyschkischen District, wie auch längst den Vestungen der Uischen Linie, und den übrigen Districten, wenn man von Okunewsk anfängt, bis an die neue siberische Linie, und bis an den zum siberischen Gouvernement gehörigen Tjumenischen und werchoturischen Kreis, und den katharinenburgischen District; nebst den zu Catharinenburg angeschlagenen Sloboden; als von welchen Sloboden, wie auch von der Ufischen Provinz die bekannten Uralischen Gebirge, und die jenseit desselben wohnenden Baschkiren, diese jetztbeschriebene Provinz scheiden. Welche baschkirische Stämme aber unter dem Gebieth der isettischen Provinz stehen, und wie viele Höfe ein jeder Stamm hat, erhellet aus folgendem Verzeichniß.

K 3 Verzeich-

150 Beschreibung des orenburgischen

## Verzeichniß
der baschkirischen Stämme in der isettischen Provinz

| | Anzahl der Höfe. |
|---|---|
| **Nagatsche Straße.** | |
| Kubelazkaja | 60 |
| Telewskaja | 80 |
| **Sibirische Straße.** | |
| Karatabinskaja | 75 |
| Kuwakanskaja | 83 |
| Baryn tabynskaja | 170 |
| Ailinskaja | 300 |
| Duailinskaja | 370 |
| Karatabynskaja | 177 |
| Belokataiskaja | 217 |
| Bolschaja Kataiskaja | 316 |
| Malaja Kataiskaja | 250 |
| Makoninskaja | 180 |
| Salautskaja | 331 |
| Karatabinskaja | 236 |
| Tersjuzkaja | 126 |
| In allen 15 Stämme | 2971 Höfe. |

## Eilftes Kapitel.
### Von der Stadt Ufa und von der ganzen Ufischen Provinz.

In der Beschreibung der orenburgischen Historie ist in der Anmerkung unter dem 24. §. auf der 113. Seite angezeigt: es sey die Stadt Ufa unter der Regierung

## Gouvernements.

gierung des Zaren und Großfürsten, Joan Wasiljewitsch, kurze Zeit nachdem wie Kasan dem rußischen Scepter völlig unterwürfig worden, auf die Bitte der baschkirischen Nation erbauet. Diese Nation aber ist im 1. Theil im 4. Kapitel dieser Topographie, in so weit man von ihr gewisse und glaubwürdige Nachrichten hat zusammen bringen können, beschrieben. Es braucht also allhier nur das angemerkt zu werden, was zur nähern Erläuterung und Ergänzung jener Beschreibung dienen kann.

Es ist aus sichern Nachrichten bekannt: daß die Baschkiren im Jahr der Welt 7081 (nach Christi Geburt 1573) Ansuchung gethan, daß diese Stadt erbauet werden möchte; und zwar nicht nur deswegen, weil es ihnen bequemer war, den ihnen auferlegten Zins in einer mitten in ihrem Lande erbauten Stadt abzutragen; sondern auch, damit sie vor ihren Feinden ihre Zuflucht dahin nehmen und Schutz haben könnten. Es ist diese Stadt am Flusse Belaja, den Strom herunter zur Linken auf einem Platz erbauet, der von allen Seiten von hohen Bergen eingeschlossen, und überdem von acht großen und tiefen Seen umgeben ist: darunter durch Einen, der mitten durch die Stadt gehet, der Fluß Sutolukoi fließt. Was den Namen der Stadt Ufa anlanget, so ist wohl zu vermuthen, daß ihr derselbe nicht erst neulichst beygeleget worden, sondern der alte und eben derselbe Name ist, den die nagaischen Chane, die in alten Zeiten hier gewohnet haben, ihrer Stadt beygeleget hatten: indem kein Grund vorhanden ist: warum man einer am Ufer des Flusses Belaja, der noch einmal so groß ist, als der Fluß Ufa, erbaueten Stadt von letzterm Fluß den Namen sollte gegeben haben. Gedachter Fluß Ufa fällt 3 Werst oberhalb der Stadt, den Strom abwärts zur Rechten, in die Belaja, allwo nichts von einer Stadt zu sehen ist. Allein dicht am Ufer der Ufa 5 Werst von

K 4 der

der Stadt dieses Namens liegt auf einem erhabenen und anmuthigen Platz noch jetzt eine tatarische Stadt, wo der Sage nach nagaische Chane gewohnet haben. Es kann also wohl seyn, daß diese tatarische Stadt ehedem von dem Fluß Ufa, der neben ihr vorbey fließt, den Namen gehabt hat: und daß die Rußen, wie sie die gegenwärtige Stadt Ufa erbaueten, den Namen von der alten angenommen, und ihr beygeleget haben. Die Baschkiren nennen den Fluß Ufa Ufa Jdel, das ist: Ufa Fluß; und die Belaja Ak-Jdel, das ist: der weiße Fluß.

Der berühmte baschkirische Aelteste von der nagaischen Straße vom Karabatinischen Stamm, Kerdras Mullakajew, hat hierinnen eine nähere Erläuterung gegeben, und angezeigt: es hätte lange vor dem, ehe das kasansche Reich und die Baschkiren unter den rußischen Scepter gekommen wären, auf derselben Stelle, wo die jetzige Stadt Ufa liegt, eine große Stadt gestanden, deren Grenzen sich den Fluß Belaja hinauf, bis an die Mündung des Flusses Ufa, und bis an die ufischen, das ist: bis an die Gebirge, so an diesem Fluß liegen, erstrecket, so daß die Häuser der Stadt in der Länge einen Raum von 10 Werst eingenommen. Der letzte Beherrscher dieser Stadt sey ein gewisser nagaischer Chan, Namens Tirä Babatu Aljusow, gewesen, der sich hier bloß den Winter aufgehalten; im Sommer aber an zweenen verschiedenen Oertern in der Gegend des Flusses Dema 50 Werst von der Stadt Ufa gelebet, nämlich: am großen Fluß Asirata, und an dem Strom Jlaka, allwo gleichfalls ziemlich große Gebäude gewesen; wie denn noch bis jetzt an selbigem See, und in der Gegend des Flusses, Ruinen von Mosqueen und eines steinernen Gebäudes zu sehen wären. Unter der Bothmäßigkeit dieses Chans Tirä hätten die Nagajer und 12 minskische Geschlechter der Baschkiren gestanden, und an ihn den Zins in Marder und Honig

## Gouvernements.

Honig bezahlt. Die Gegend wo damals die Stadt Ufa gestanden, hätee zu der Zeit Turataw geheißen; nun aber nenne man sie Kasantaw. Hier hätte sich eine Menge Schlangen eingefunden, die viele Menschen ums Leben gebracht; dahero der Chan Tirä genöthiget gewesen, sich mit allen seinen Nagajern nach dem Fluß Dema hinzubegeben; allwo er sich einige Zeit aufgehalten; nachhero aber erfahren, daß die Russen die Stadt Kasimow eingenommen, und willens wären auf Kasan loßzugehen; wodurch er in Furcht gesetzt, und bewogen worden, sich mit allen seinen Leuten nach dem Fluß Kubart zu begeben. Von den Schlangen wäre nachhero nichts mehr zu hören gewesen.

In vorbemeldeten rund um die Stadt liegenden hohen Bergen, giebt es nach der Seite des Flusses Belaja eine Menge Alabaster, wie auch Kalksteine. Auch sind in selbigen Gebirgen auf beyden Seiten der Belaja verschiedene Höhlen, wo nach Aussage der dasigen Einwohner, in alten Zeiten Eremiten gewohnet haben: allein diese Höhlen sind anjetzt größtentheils verschüttet.

Hier ist zu bemerken: daß die Stadt Ufa besonders deswegen auf diesem unebenen und zwischen Bergen liegenden Platz ist erbauet worden: weil die Flüsse Ufa! und Belaga selbige Berge einschließen, und gleichsam eine Halbinsel formiren; darauf große Aecker und Kornfelder sind: so daß alles das, was nach der ersten Anlage zur Stadts-Grenze gehören sollte, hier kaum Platz hatte. Denn es war zur Sicherheit der Einwohner, gegen die Anfälle der übelgesinnten Baschkiren, desgleichen gegen die Kalmyken und Kirgiskaisaken, vom Fluß Ufa bis an die Belaja, 10 Werst weit ein Graben gezogen, derselbe mit Palisaden besetzt, und in der Mitte eine Ausfahrt gemacht; auch stand hier ein Thurm und eine Wache dabey. Von hier aus ritten besonders dazu bestellte Leute nach allen

Seiten, (welches man Rasekoi nannte) wodurch der ganze Umfang der gedachten Flüsse, der 30 Werst und mehr beträgt, unter Bedeckung blieb. Allein anjetzt sind die Palisaden nicht mehr da, und die Ausritte sind auch aufgehoben, der Graben aber fängt an zu verwachsen; und ob gleich der Thurm noch stehet, so ist er dennoch ganz verfallen.

Die Befestigung der Stadt bestehet anjetzt aus einem breternen Zaun; an einigen Stellen sind Palisaden, in deren Umfang 6 Pforten sind. Unter diesen Pforten wird eine nach der Seite von Kasan, Kasanskije genannt, die Namen der übrigen sind folgende: nämlich zur Rechten Ilginskije, und Florowskije, zur Linken sibirskije, spasskije, und Uspenskije. Nach der Seite des Flusses Belaja waren ehedem Palisaden, und ein Schloß oder Kreml mit hohen Thürmen, darinn eine Hauptkirche der heiligen Mutter Gottes von Smolensk, und 2 Kapellen, die den Namen der Apostel Petri und Pauli, und des Wunderthäters Nikolai führten. Auch waren hier folgende Gebäude, nämlich: die Provinzialcanzeley, die Hauptwacht, das Zeughaus, das Haus des Wojewoden, und ein Ostrog, wo die Gefangenen gehalten wurden. Allein alle diese Gebäude wurden im Jahr 1759 in einer durch einen eingeschlagenen Blitz verursachten Feuersbrunst in die Asche geleget; wobey die Hauptkirche gleichfalls sehr beschädigt ward. Die Anzahl der Häuser in und ausserhalb der Stadt ist 65, ferner sind hier 6 Pfarrkirchen nebst Kapellen, und zwey Klöster: das eine heißt Uspenskoi, darinn der Archimandrit nebst den Mönchen wohnet. Diesem Kloster sind von dem Zaren, Michailo Feodorowitsch, die nahe bey Ufa belegenen zwey Dörfer Duwani und Tschesnokowla, darinn 271 Bauern sind geschenkt. Das zwente ist ein Jungfernkloster Roschestwenska, darinn ist eine Aebtißinn und 40 Nonnen; darunter die Aebtissinn

## Gouvernements.

sinn, und 27 Nonnen auf einen jährlichen Gehalt stehen, die übrigen aber sich von milden Gaben unterhalten.

Die Anzahl der Kaufleute und derer, die zur Zunft gehören, ist 230. Was aber die Miliz anlanget; so sind anjetzt, (da ihrer einige nach Orenburg verlegt sind,) allhier eine reguläire Compagnie, 2 Compagnien Dragoner, und 150 Mann Kosaken, da die andere Hälfte von letztern zur Niederlassung nach Orenburg gesandt sind.

Die Stadt Ufa ward gleich nach ihrer Erbauung mit Einwohnern aus verschiedenen großreußischen Städten besetzt, die nach ihrer alten Gewohnheit Strelzen (Schützen) Dienste als Fußvölker und Reiter verrichteten. Nachhero wurden aus denen zu Fuß bienenden, Soldaten-Regimenter errichtet; die Reiter aber wurden anfangs Strelzen, nachhero aber (Sluschiwije Kosaki) dienende Kosaken genannt. Nachhero ließen sich allhier aus den obern Städten, wie auch aus Pohlen einige Edelleute nieder; aus denen zwo Compagnien Dragoner und eine sogenannte ausländische Compagnie errichtet wurden; auch wurden diesen Edelleuten in Baschkirien, in einem Bezirk von 30 Werst im Umfang, Ländereyen zu Lehn gegeben, allwo sie nachhero Dörfer angelegt, und sie mit Bauern besetzt haben, deren Anzahl sich bey der letzten Revision auf 636 Köpfe belief. Endlich wurden aus diesen Edelleuten und deren Kindern, die zum Dienst tüchtig waren, von der orenburgischen Expedition zwey reguläire Regimenter, die man das orenburgische und das ufische nannte, errichtet; als welche anjetzt in die Vestungen an der uischen Linie verlegt sind, und aus Ufa, Birsk und Menselinsk completiret werden. Ufa liegt von Orenburg 333, von Kasan 520, und von Moscau 1255 Werst.

Zum Gebieth der ufischen Provinzialcanzeley gehören auch einige alte Landstädte, wie auch einige von der orenburgischen Expedition neue angelegte Vestungen.

Die

**156** Beschreibung des orenburgischen

Die Landstädte sind: Birsk, Osa, und Menselinsk; die Vestungen aber Nagaibak, Tabinsk, Jeldäk, und Krasnoufinsk; als welchen folgende Nachricht, so viel von jedem Ort bekannt ist, mitgetheilet wird.

## Landstädte.

Birsk liegt am Fluß Belaja den Strom herab zur Rechten, von der Stadt Ufa zu Lande 89, und zu Wasser die Belaja herab, wegen deren vielen Krümmungen, 250, und von Orenburg 422 Werst. Die Befestigung dieses Orts bestehet bloß aus einem von Holz auf einer Anhöhe erbauten Schloß. Die Cathedralkirche hat den Namen des Erzengels Michaels. Die Alten erzählen, nach Ueberlieferungen, diese Stadt habe ehebem Archangelgorod (vielleicht nach einer Kirche) geheißen. In dem Bezirk des Schlosses steht auch das Haus des Wojewoden, und seine Canzeley, wie auch das Zeughaus, und die Proviantmagazine.

Zur Zeit der ehemaligen baschkirischen Unruhen schloß eine Verzäunung mit Schlagbäumen alle Wohngebäude ein; auch hatte man angefangen einen Graben zu ziehen, und einen Wall aufzuführen; allein dies alles ist eingefallen, und siehet man jetzt bloß die Spuren davon. Ehedem waren hier gegen 700 Häuser; die Hälfte der Einwohner bestand aus stadtschen Leuten, die auf den alten dienenden Fuß standen, und die andere Hälfte aus Hofbauern; die Anzahl dieser Einwohner aber ward dadurch vermindert: weil sehr viele von den in Diensten stehenden Leuten unter die neuerrichtete orenburgische und ufische Dragoner-Regimenter genommen wurden, als welche Regimenter noch bis jetzt von da durch junge Mannschaft completiret werden. Was die Bauern aber anlanget, so haben sie sich größtentheils aus der Stadt in die nahe belegenen Dörfer begeben; so daß anjetzt in der Stadt nicht mehr als 400 Häuser übrig sind. In der Vorstadt sind ausser vorgedachter Cathedralkirche noch zwo andere Pfarrkirchen:

## Gouvernements.

Kirchen: die eine des Propheten Elias, und die andere zu Marien Schuß. Die Stadt hat ihren Namen von dem Fluß Bir, der von den Tataren und Baschkiren Bjurgu, das ist, Wolfswasser, indem Bjur bey ihnen Wolf heißt, genannt wird. Dieser Fluß fällt den Strom herab zur Rechten, 10 Werst unterhalb der Stadt in die Belaja; er ist zwar nicht breiter als 20 Faden, und an keiner Stelle schmaler; aber in Proportion dessen ziemlich tief: indem er an einigen Stellen eine Tiefe von 6 bis 10 Faden hat. Gegen die Mündung zu sind Steine und Wasserfälle, über welche sich das Wasser mit großem Geräusch und Geprassel wälzet; an einigen Stellen aber sind von Natur gemachte Schwiebögen, die wie Pforten aussehen, durch welche das Wasser schnell und rauschend fließt; dahero auch dieser Fluß niemals zufrieret; und pflegen die Schwäne, Enten, und andere Wintervögel sich hier den Winter über aufzuhalten. Auch giebt es hier eine Art kleiner Vögel, von denen man sagt: daß sie unter dem Wasser in Nestern leben; dahero sie Wasser-Sperlinge genannt werden.

Nicht weit von der Stadt Ufa, findet man noch anjetzt Spuren von alten Städten, davon die birskischen Einwohner sagen, es hätten allhier Tschudi gewohnt. Die erste ist 2 Werst oberhalb Birsk, und wird Tscherstowojn Gorodischtsche genannt: woher sie aber diesen Namen habe, weiß niemand. Die zweyte liegt 40 Werst oberhalb Birsk, auf einem hohen und steilen Berge, und heißt Aibaschew; die dritte ist an der Belaja, 30 Werst unterhalb der Stadt Birsk, auf einem Berge, den die Einwohner Sokolja Gora nennen. In allen diesen Gegenden siehet man Graben, Wälle und Grabhügel, es sind aber keine Gebäude mehr zu sehen; und auch die Wälle und Graben, sind mit allerley Gesträuch und Gras verwachsen.

Der

158 Beschreibung des orenburgischen

Der verstorbene Geheimerath Wasilei Nikititsch Tatischtschew meynte: es sey die Stadt Birsk vor Ufa erbauet; worauf er aber seine Meynung gründet, ist nicht bekannt. Dagegen versichern die Einwohner; daß sie eine geraume Zeit nach Ufa erbauet sey.

Osa liegt ohnweit der Kama, diesen Fluß herab zur Linken, an dem Strom Osinka, von dem dieser Ort auch seinen Namen hat, von Ufa 298, von Orenburg 631, von Kasan 461, und von Kungur 120 Werst. Seine Befestigung bestehet aus einem Schloß von Holz; in dessen Bezirk eine Kirche ist, Namens zur Himmelfahrt Mariä, nebst einer Kapelle des heiligen Nikolai; wie auch die Canzeley, und das Haus des Wojewoden. Ehe die orenburgische Expedition existirte, ward diese Landstadt zum kasanschen Gouvernement gerechnet, und stand unter der kasanschen Gouvernements-Canzeley; allein im Jahr 1737 ward sie, wegen der damals entstandenen baschkirischen Unruhen, zur ufischen Provinz gezogen, und die an der osischen Straße ihre Wohnsitze habende Baschkiren, wurde unter das Gebieth des dasigen Wojewoden abgegeben, um welcher Ursache willen diese Wojewoden bis jetzo, von dem dirigirenden Senat eingesetzt worden. Inzwischen wurden zum Territorio dieser Stadt, von dem kasanschen District gar keine Wohnplätze angeschlagen; ja selbst die Einwohner dieser Stadt, stehen nicht unter besagten Wojewoden, sondern unter dem Gouverneur von Kasan. Es sind hier 80 Häuser, und die Einwohner werden bey den Regimentern der Landmiliz, auf Ausschreibung der kasanschen Gouvernements-Canzeley in Diensten gebraucht.

Menselinsk liegt am Flusse Mensel, diesen Fluß herab zur Linken; als welcher Fluß fünf Werst unterhalb der Stadt in den Jk fällt; der Jk aber ergießt sich in die Kama, die von Meselinsk zu Lande gegen 15 Werst

## Gouvernements.

Werst ihren Lauf hat. Dieser Ort ist von Ufa 219, von Orenburg 552, und von Kasan 280 Werst entfernt. Die hier befindliche Wojewoden Canzeley, und folglich auch der Wojewode, stehen unter der kasanschen Gouvernements-Canzeley; dahero auch alle Rechtssachen der Einwohner, des kasanschen Districts dahin gehören. Was die menselinischen Einwohner anlanget; so standen sie ehedem fast alle in Dienste; und wurden aus ihnen, so wie aus den Einwohnern der Städte Ufa und Birsk, die zwey Dragoner Regimenter nämlich: das orenburgische und das ufische errichtet; als welche Regimenter noch bis jetzt durch sie, auf Ausschreibung des orenburgischen Gouvernements, so viel jedesmal vor nöthig ist, completirt werden. Derowegen hat auch der hiesige Wojewod, der von der kasanschen Gouvernements-Canzeley eingesetzt wird, kein Commando über sie; sondern sie stehen unter den Befehlen besonderer Officiers, die von der orenburgischen Gouvernements-Canzeley verordnet werden; und so lange sie hier sind alle, (unter den Baschkiren, die in einem Bezirk von 30 Werst wohnen) vorfallende Streitigkeiten schlichten. Die Befestigung dieser Landstadt anlangend; so sind rund herum Palisaden gezogen, in der Stadt aber ist ein Schloß von Holz, und bey selbigem das Haus, und die Canzeley des Wojewoden. Die Anzahl der Häuser beläuft sich auf 700. Kirchen sind zwo: die Eine hat den Namen der Apostel Petri und Pauli, und die Zweyte zur Mutter Gottes von Smolensk. Zur Zeit der baschkirischen Unruhen, die von dem Jahr 1735 bis 1741 gedauret haben, wurde die Commißion zur Untersuchung derselben, wobey sich verschiedene Generals befunden, beständig allhier gehalten.

Bey dieser Landstadt fängt sich an, oder endiget sich vielmehr der alte Wall und Graben, oder wie er heutiges

ges Tages genannt wird, die Linie die in der orenburgischen Historie auf der 136 Seite in der 8 Anmerkung beschrieben ist; es ist dahero unnöthig, diese Beschreibung allhier nochmals zu wiederholen.

## Vestungen.

Nagaibak oder nagaibaskaja Krepost, liegt von Orenburg die große moscauische Straße 400, von Ufa 208, und von Menselinsk 64 Werst. Sie hat ihren Namen von einem gewissen Baschkiren, der Nagaibak geheißen, und dessen Jurt (Dorf) von ihm den Namen Nagaibakowa Derewná erhalten. Die Vestung ist im Jahr 1736, auf Veranlassung der damals gewesenen baschkirischen Unruhen, in Baschkirien auf dem kasanschen Wege am Fluß Jk, diesen Fluß herab zur Rechten, in einer ebenen und fruchtbaren Gegend, wo in einer nicht weiten Entfernung der Fluß Mináus in den Jk fällt, erbauet. In den Fluß Jk ergießt sich von der andern Seite ein kleiner Strom, der auf tatarisch Kala Jelga, das heißt der städtische Strom genannt wird. Diese Benennung hat er vielleicht daher bekommen, weil man eine halbe Werst von seiner Mündung, den Strom herab zur Rechten, noch bis jetzt einen Wall und Graben, der größtentheils verschüttet ist, entdecket. Man sagt: es habe hier in alten Zeiten eine Stadt gestanden, darinn die Nagajer gewohnet. In eben diesen Gegenden, haben auch die berüchtigten Häupter der baschkirischen Empörung, Kussum und sein Sohn Akai gewohnt; unter denen ersterer im Jahr 1707 mit dem Aldar Bai sich verbunden hatte; sein Sohn Akai aber war bey dem, im Jahr 1735 wegen der orenburgischen Expedition erregten Aufstand, und auch nachhero zugleich mit Kilmek Asyb, der Hauptanstifter dieses Aufstandes; wie solches in der orenburgischen Historie, auf der 9, 10, 11, und 12 Seite, in der Anmerkung unter Nummer 2 umständlich

## Gouvernements.

lich beschrieben ist. Kusjum hatte seine Wohnung 3 Werst von Nagaibak unterhalb des Iks, dem Ort wo jetzt die Vestung stehet gegen über, jenseit des Stroms, als welche Gegend die Tataren bis auf den heutigen Tag Kusjum Jurt, oder die Wohnstätte des Kusjum nennen. Er soll sich unter den Baschkiren ein solches Ansehen verschafft, und so viele Gewalt gehabt haben, daß er alle die, so ihm nicht nach Willen gewesen, an den nächsten Baum aufhenken, oder ersäufen lassen: dahero sein Name noch bis jetzt bey den Baschkiren sehr bekannt ist. Sein Sohn Akai wohnete an einem großen See, der bis auf den heutigen Tag Akai Kul, oder der See des Akai genannt wird. Dieser See liegt 5 Werst von Nagaibak, jenseit des Iks. Es ist diese Vestung rund herum mit einem Pfahlwerk eingeschlossen; auf der einen Seite aber ist ein Schloß, wie auch das Haus und die Canzeley des Wojewoden, das Zeughaus, und die Salz= und Proviant=Magazine. Anjetzt sind hier 120 Häuser: die Kirche zur heiligen Dreyeinigkeit ist im Jahr 1746 erbauet.

In der Gegend, wo diese Vestung liegt, sind in alten Zeiten zweyerley Art von Einwohnern gewesen, nämlich: neugetaufte Christen und Ungläubige. Was die Erstern anlanget; so könnte man sie zum Unterscheid von den heutigen Neugetauften füglicher Altgetaufte (Starokreschtschennije) nennen. Denn nach ihrer eigenen Aussage, und wie aus den vorhandenen Schriften zu ersehen ist, so sind sie alle Mahomedaner; die mehresten aber Götzendiener gewesen, und erst zu der Zeit des Zaren, Joan Wasiljewitsch, Christen geworden; inzwischen haben sie in einer so groben Unwissenheit gesteckt, und so wenig vom Christenthum gewußt, daß die Wenigsten ein Wort Rußisch verstanden, und sich von den andern Ungläubigen bloß durch den Namen von Neugetauften, und durch ein heiliges Bild, das ein Jeder in seinem Hause gehabt, unterschieden. Bis an das Jahr 1736 bezahlten sie an die Krone einen Zins: allein in diesem Jahr ward ihnen der Zins auf eine specielle Ukas Ihro Majestät der Kaiserinn, Anna Joannowna, erlassen; und zwar beswegen: weil sie es nicht mit den aufrührerischen Baschkiren gehalten, sondern vielmehr wider sie treu gedienet, und von ihnen viele Verwüstung haben ausstehen müssen. Ueberdem wurden diesen Neugetauften alle diejenigen Länder, auf die sie gegen Erlegung eines Grundzinses an die Baschkiren gewohnet, zu erb und eigen abgegeben, und ihnen bloß auferleget, Kosaken-Dienste zu thun, die sie auch nach Orenburg verrichten: wodurch sie Gelegenheit haben, so wohl die rußische Sprache besser zu lernen, als auch mit den rußischen Sitten bekannter zu werden. Sie haben in dem ganzen nagaibakischen Kreis zehn Dörfer und einen Flecken mit einer Kirche. Ihre Anzahl mit Einschluß der dienenden Kosaken von der Vestung Nagaibak beläuft sich auf 1359 Köpfe: als welche nur alsdenn Sold, Proviant und Fourage bekommen, wenn sie weiter als 100 Werst von ihren Wohnstätten commandiret werden; übrigens aber sind sie für das ihnen gegebene Land, und wegen anderer ihnen ertheilten Vortheile, schuldig ohne Sold zu dienen. Wie Se. Hochwürden, der Erzbischof von Kasan und Swijaschk, und Mitglied des heiligen dirigirenden Synodes Gabriel, im Jahr 1758 in Orenburg waren, und den Zustand dieser Neubekehrten erfuhren, übertrugen Sie dem ohnweit von Nagaibak, unter dem Guth des Raths Rytschkow, in dem Flecken Spasoi wohnenden Geistlichen, der von Ihm für den tüchtigsten dazu gehalten ward: dafür zu sorgen, daß sie im Christenthum unterrichtet

## Gouvernements.

terrichtet würden; auch sollte er sie öfters besuchen, und sich angelegen seyn lassen, sie von den Irrwegen abzubringen.

Wegen der allhier wohnenden ungetauften Einwohner ist bey dem Anfange der letzten Revision die Verfügung gemacht: daß diejenigen, welche in hiesigen Gegenden aus verschiedenen Districten, nach geendigter ersten Revision herüber gekommen, und in ihren ehemaligen Wohnplätzen schon zur Kopfsteuer angeschrieben wären, nach diesen ihren alten Heimathen zurück gesandt werden sollten: denjenigen aber, die vor dieser Revision aus ihren Wohnsitzen ausgezogen, und allba zur Kopfsteuer nicht angeschrieben wären, sollte man in den Dörfern auf der großen moscauischen Straße, zwischen Orenburg und Kasan, Plätze einweisen; allwo sie auch nun bey der Revision angeschrieben sind. Zufolge einer Verfügung des dirigirenden Senats sollen von letztern keine Rekruten genommen werden: weil sie schuldig sind, die aus und nach Orenburg gehende Post, wie auch die Couriers, von einem Ort nach dem andern hinzuschaffen, ohne daß ihnen für die Pferde etwas bezahlet wird.

Tabynsk liegt in Baschkirien auf der nagaischen Straße am Flusse Belaja, den Strom herab zur Linken, allwo der aus den nahe belegenen Bergen entspringende Fluß Usolka sich in ihn ergießt; von der Stadt Ufa, oberhalb selbigen Flusses, landwärts 85, und von Orenburg 248 Werst. Die Befestigung dieses Orts ist, auf Verfügung des Staatsraths Kirilow, im Jahr 1735, von dem bey den ehemaligen hiesigen Salzsiedereyen gewesenen balachonischen Kaufmann, Iwan Utätnikow, besorget worden; als welcher nachhero dafür, daß er diesen Ort, wider die von den unruhigen Baschkiren, zur Zeit ihres Aufstandes, zu mehrerenmalen unternommene Angriffe tapfer vertheidiget hat, so daß sie nichts haben ausrichten können, auf eine specielle Ukas Ihro Majestät der Kaiserinn, Anna Joannowna, den Character als Commissair bekommen hat. Eben dieser hat auch das Haupt der baschkirischen Rebellion, Kilmåk Abys, der in der Jurmatinischen Woloſt 20 Werſt von Tabinsk lebte, unter verſtellter Freundſchaft, zu ſich in die Veſtung gelockt, und ihn unter ſcharfer Wache an die baſchkiriſche Commißion geſandt: endlich aber ſchlug ſich dieſer Uråtnikow ganz offenbar zu den Ketzern, und endigte ſein Leben auf eine unglückliche Art. Der Name Tabinsk kommt, wie man meynet, her, von der in Baſchkirien liegenden Woloſt, Tabynsk genannt, allwo dieſe Veſtung liegt. Sie iſt regulair, hat einen Wall und Graben, an einigen Stellen ſind Paliſaden eingeſchlagen; auch iſt hier eine hinlängliche Artillerie und eine Beſatzung, die aus anderthalb Compagnie Fußvolk und 100 Mann Koſaken beſtehet. Die Anzahl der Häuſer iſt 200; die Kirche hat den Namen zur Himmelfahrt Chriſti; auch iſt hier eine Kapelle der Mutter Gottes von Kaſan. Wie der verſtorbene Generallieutenant Soimonow auf eine Zeitlang Chef bey der orenburgiſchen Commißion war, gefiel ihm dieſer Ort ungemein: weil er anmuthige und fruchtbare Gegenden hat, und von den beſten und reicheſten baſchkiriſchen Dörfern umringt iſt; er entſchloß ſich daher, hier zu wohnen, und bloß im Sommer, oder wenn ein beſonderer Umſtand es erfordern würde, nach Orenburg zu reiſen. Auf ſeine Veranſtaltung ward auch allhier für Orenburg eine Kron-Glaßhütte angelegt, und dazu alles Nöthige angeſchafft; weil aber von der Ober-Hof-Canzeley die Meiſter auf geſchehenes Anſuchen nicht abgeſchickt wurden; ſo blieb dieſer Entwurf ohne Erfüllung, und das zu dieſer Hütte angeſchaffte

Holz

## Gouvernements.

Holz und übriges Geräthe ward zu andern Bedürfnissen verwandt.

8 bis 10 Werst von dieser Vestung am Fuß der Gebirge sind Salzquellen, die an einem Ort zusammen fließen, und vorgedachten Strom Usolka formiren: dessen Wasser bey den Quellen salzig, bey der Mündung aber, wo er in die Belaja fällt, zwar süß; inzwischen aber nicht so klar und schön ist, als das Wasser in der Belaja. Bey diesen Quellen war in den ehemaligen Zeiten ein Städtchen; auch waren hier Salzsiedereyen, die zuletzt den balachonischen Kaufleuten Osokins zugehörten; das allda zubereitete Salz ward zu Wasser, die Belaja herunter, nach Ufa, Birsk und weiter verführt. Allein alle diese Salzsiedereyen waren schon vor Ankunft des Staatsraths Kirilows in Ufa von den aufrührerischen Baschkiren zu Grunde gerichtet, und sämmtliche Gebäude nebst einer Menge angeschafften Holzes verbrannt. Vorgedachte Osokins waren in diesen Salzsiedereyen mit dem obengedachten Commissair Utätnikow in Gesellschaft.

Den Fluß Belaja hinauf, 50 Werst von Tabinsk, auf der großen Straße nach Orenburg, gegen über Aschkadarskoi Jam, auf der andern Seite der Belaja, ist ein hoher Berg, Ak-Tau (der weiße Berg) genannt: allwo ganz oben, der Sage nach, ein See ist, der ein warmes Wasser hat; auch sollen in diesem See Hechte und andere kleine Gattungen von Fischen seyn; allein alle diese Fische taugen nicht zur Speise, und sind der Gesundheit schädlich. Man will viele Beyspiele haben, daß Leute, die aus diesem See Hechte gefischt, und gegessen haben, in eine Raserey gefallen, und gestorben sind. Auch sollen sich hier Enten aufhalten, die weder auf den Flügeln, noch auf den

Schwänzen, Federn, sondern am ganzen Körper bloß Pflaumfedern haben, dahero sie auch nicht fliegen können, sondern auf der Oberfläche des Sees, und an den Ufern zwischen den Steinen in Nestern leben. Dieser Berg ist auf dem Wege zwischen Orenburg und Ufa zu sehen, und ist ausser ihm auf dem ganzen Wege kein höherer Berg. Es verdienet derselbe bemeldeter Umstände wegen, eine genauere Untersuchung; da er aber jenseit der Belaja ziemlich weit vom Wege abliegt; so müßte Jemand bloß seiner Wißbegierde eine Genüge zu thun vom Wege abkehren, und dahin fahren; dies kann aber nicht anders als im Sommer geschehen: weil man vermuthlich im Winter auf den Berg nicht aufkommen kann.

Jedlezkaja Krepost liegt in Baschkirien auf der siberischen Straße, am Fluß Ufa, zwischen den Gebirgen, von Ufa 160, und von Orenburg 493 Werst. Sie ist im Jahr 1735 zur Zeit des Staatsraths Kirilows angelegt. Es hat diese Vestung ihren Namen von der baschkirischen Jeldezkaja Wolost, allwo sie erbauet ist. Ihre Besatzung bestehet anjetzt aus einer halben Compagnie Fußvolks und 100 Mann dienender Kosaken; die Anzahl der Häuser ist 100; die Kirche hat den Namen Nerukotworennoi obras: Rund herum ist zur Befestigung des Orts Pfahlwerk eingeschlagen.

Krasnoufinskaja Krepost auf dem siberischen Wege bey der Quelle des Flusses Ufa, diesen Fluß herab zur Rechten, an der Grenze des kungurischen Districts, und des catharinenburgischen Gebieths, von Jeldezkaja 194, von Ufa 354, von Orenburg 687, von Kungur 100, und von Catharinenburg 184 Werst. Ihre Besatzung bestehet aus einer Compagnie

## Gouvernements.

gnie Fußvolks, und aus 300 Mann dienender Kosaken. Es sind hier gegen 300 Häuser. Zur Befestigung des Orts sind rund herum Palisaden gezogen; innerhalb derselben aber ist ein Schloß von Holz, und dabey eine Kirche zur heiligen Dreyeinigkeit, nebst einer Kapelle des Wunderthäters Nikolai, desgleichen das Haus und die Canzeley des Wojewoden. Es ist diese Vestung eben so wie die vorbenannte Jeldezkaja Krepost in den Jahren 1735 und 1736 deswegen angelegt: damit man auf die Baschkiren von der sibirischen Straße besser Acht haben, und die aus Catharinenburg zu Lande bis an diesen Ort gebrachte Eisenwaaren von hier zu Wasser bis nach Ufa senden könne.

Auſſer dieſen Kreposten werden die alten Hofflecken für die vorzüglichsten Wohnsitze in dem ufischen Kreis gehalten: als welche zur Sicherheit gegen die Anfälle der Baschkiren gleich den Ostrogen einen geflochtenen Zaun rund herum haben; bey einigen sind Zäune von Pfahlwerk und Thürmer. Unter diesen Flecken liegt Einer, Karakulino genannt, am Fluß Kama vom Ufa 010, von Kalinika 60, und von Duwanei 53 Werst.

Was übrigens die Grenzen dieser Provinz anlanget; so gehen sie nach der Seite vom eigentlichen russischen Reich längst der kasanschen und der permischen Provinz; hiernächst an dem catharinenburgischen Gebieth, und an der Provinz Iset: als von welcher Provinz die uralischen Gebirge und die diſſeits derselben befindlichen baschkirischen Wolloſten, die Provinz Ufa so wohl, als den besondern orenburgiſchen Kreis, von deſſen äuſſern Seite, wenn man die im ersten Kapitel beschriebene Salairskaja Krepost zu deſſen Grenze annimmt, scheiden. Dieser Umfang nimmt

nimmt den größten Theil des orenburgischen Gouvernements ein: wenn die jenseit des Jaiks belegenen
Oerter, wo die Kirgiskaisaken ihre Streifzüge haben, nicht mit dazu gerechnet werden. Die Haupt-
flüsse in dieser Provinz sind folgende: 1) Ein Theil der
Kama, die in die Wolga fällt. 2) Belaja, von
ihrem Ursprung an, bis an ihre Mündung; wo sie in
die Kama fällt, nachdem sie einen weiten Strich ge-
laufen. 3) Ufa ergießt sich nahe bey der Stadt gleiches Namens in die Belaja. 4) Dema fällt gleichfalls nicht weit von der Stadt Ufa in die Belaja.
5) Jk fällt in die Kama. Im Innern von Baschkirien sind: 6) Sim; 7) Jurusen, und viele andere, an denen, und besonders an den Flüssen Belaja und Sim hohe Berge sind, die eine ausserordent-
liche Steile, und so künstliche Höhlen haben, daß man
die Natur nicht genug bewundern kann. Besonders
verdienet der bey dem Ursprung des Sims in Kude-
iskaja Wolost, auf der siberischen Straße, befindliche Berg, seiner Seltenheit wegen, daß er von einem
geschickten Mann abgezeichnet werde. Es wird diese
Gegend Schaitan Jurt, das ist: Teufelswohnung
genannt; indem die Baschkiren vorgeben, es hätten
sich ehedem hier Gespenster sehen lassen, und als wenn
sich noch jetzt welche zeigen. Wie ich im Jahr 1757
im Winter eine Reise hieher that, und diesen Berg als
ein Wunder der Natur erblickte: konnte ich nicht umhin, anhalten zu lassen, und ihn mit Verwunderung
zu betrachten; allein die damalige heftige Kälte hielt
mich zu meinem Leidwesen ab, von diesem Berge und
der Gegend da herum einen Abriß zu nehmen. Der
Directeur über die Bergwerke, Jacob Twerdyschew,
dem diese Gegend bekannt ist, hat mir erzählt: es sey
bey der Quelle des Flusses Jurusen, nicht sehr weit

von

## Gouvernements.

von den neuangelegten Eisenwerken, die von diesem Fluß die Juresenischen genannt würden, noch eine andere weit größere und curiösere Höhle. Eben dergleichen bewundernswürdige Höhlen trifft man auch am Fluß Belaja an, nicht weit von den wosnesenskischen Kupferwerken, die dem Ober-Hofmarschall und Ritter, Grafen Sievers, zugehören; deren Eine von mir besonders beschrieben, und bey den monatlichen Abhandlungen für Merz 1760 beygedruckt ist. Was die Beschaffenheit des Landes anbelanget; so wird man wohl im ganzen rußischen Reich keine einzige Provinz finden, die an allem, was zum menschlichen Leben nöthig ist, einen solchen Ueberfluß hat, als eben diese ufische Provinz. Der Boden ist im ganzen Lande fruchtbar; allenthalben sind viele Waldungen, darinn eine Menge wilden Honigs gebauet wird; die Flüsse tragen Fahrzeuge, und haben viele Fische; auch sind hier viele fischreiche Seen und vortreffliche Viehweiden; das einzige ist nur zu bedauren: daß Handel und Gewerbe in Ufa sowohl, als in den übrigen Oertern, wegen Armuth der Einwohner, darnieder liegen; und da sich hiernächst auch ein Mangel an Einwohnern findet, so will es auch mit dem Ackerbau nicht allenthalben recht gut fort. Die Wirthschaft der Einwohner auf dem Lande, besonders der Baschkiren, bestehet hauptsächlich in Stutereyen, in Viehzucht und Honigbau. Was die Kupfer- und Eisenbergwerke, die in Baschkirien liegen, anbelangt: so sollen sie weiter unten im 12. Kapitel besonders beschrieben werden.

Im ersten Theil im 4. Kapitel dieser Topographie, allwo die Russen, Tataren und Baschkiren nach ihrem ehemaligen alten Zustande beschrieben sind, ist aus verschiedenen Scribenten gezeiget: daß in ebendenselben Gegenden, die anjetzt den größten Theil der ufischen

Provinz ausmachen, vor dem Einfall der Tataren, der sich gegen das Ende des 12. und im Anfang des 13. Jahrhunderts nach Christi Geburt zugetragen hat, Bulgaren, Ugri, oder Ungarn, und Kumaner gewohnet haben, von denen diese Gegenden Ugrien, Ungarn, Bulgarien, Kumanien, und bisweilen das paßkatirische und baßkirische Land sind genannt worden. Ich will also das, was schon einmal beschrieben ist, allhier nicht wiederholen, sondern bloß mit wenigen Worten anführen: wesmaßen man daraus nothwendig schließen könne, daß selbige Völker allhier verschiedene Städte und Dörfer müssen gehabt haben; und daß die Ruinen und Spuren von alten Städten, die man anjetzt allhier an verschiedenen Oertern antrifft, wo nicht alle, jedoch zum wenigsten ihrer Einige für Ueberbleibsel von den ehemaligen, den obbeschriebenen slavonischen Völkern zugehörig gewesenen Städten gehalten werden müssen; als wovon auch die Ueberbleibsel von Bergwerken, die man im Innern von Baschkirien häufig antrifft, einen Beweiß abgeben: weil es bekannt ist, daß die Scythen und Tataren in diesen Gegenden, dem größten Theil nach, keine beständige Wohnsitze gehabt, sondern in Horden herum gezogen sind: und also die Bergwerke von ihnen nicht seyn können. Wenn also alle die Gegenden, welche von mir bloß nach dem, was ich in den Canzeleyen davon gefunden, und aus mündlichen Erzählungen habe, beschrieben sind, von Personen, die der Geschichte der Völker sowohl, als der Natur, kundig sind, wenn gleich nicht auf einmal, sondern nur von Zeit zu Zeit untersucht und beschrieben werden würden; so möchten sich allhier viele Sachen entdecken: wodurch jene alte und dunkele Erzählungen ins Licht gesetzt, und alle Theile unserer rußischen Geschichte, besonders der alten Zeiten aufgeklärt werden könnten.

Diesen

Diesen wichtigen Endzweck zu erreichen, ist, meiner Meynung nach, kein anderes Mittel vorhanden, als eben dasjenige, dessen ich oben beym Schluß des ersten Kapitels Erwähnung gethan habe. Man müßte nämlich von Zeit zu Zeit Nachrichten sammeln von dem; wenn und was ein Jeder von diesen Gegenden Merkwürdiges, welches beschrieben zu werden verdienet, in Erfahrung gebracht hat. Nach diesen Aufsätzen würde es leicht seyn, nachhero, wenn Zeit und Gelegenheit es zuließen, alles zu besichtigen und zu prüfen; nur müßte man sich hiebey sorgfältig hüten: dem Publikum Unwahrheiten und unwahrscheinliche Dinge vor Augen zu legen. Wenigstens habe ich mir dies zum Gesetz gemacht: und dahero manches, was mir von verschiedenen Oertern erzählt worden, weil es mir unwahrscheinlich geschienen, in diesem 2ten Theil nicht angeführt, sondern es bis zu geschehener nähern Beprüfung ausgesetzt, und mich bloß mit dem begnüget, was in dem ersten Theil von mir schon umständlicher beschrieben ist. Mein Wunsch ist, daß aus dergleichen gesammelten Nachrichten mit der Zeit der dritte Theil der orenburgischen Topographie erwachsen, und dadurch das, was annoch an diesem Werke fehlt, ergänzet werden möge.

## Zwölftes Kapitel.
### Von dem Gebieth der orenburgischen Berg-Hauptmannschaft.

Was die Bergwerke in dem orenburgischen Gouvernement anlanget: so findet man sie jetzt bloß in Baschkirien, und bis nun zu sonst nirgends; ob es gleich

gleich zu wünschen wäre, daß ihrer einige auch an andern Oertern entdecket werden möchten. Es hätten dahero, diese Bergwerke zwar bey der Beschreibung der ufischen und isettischen Provinz, allda mit eingerückt werden sollen: da aber im Jahr 1754 wegen der vorfallenden Berggeschäffte eine besondere Verwaltung, unter dem Namen der orenburgischen Berg = Hauptmannschaft errichtet; und diese unter Direction der Canzeley der Ober = Verwaltung der siberischen und kasanischen Bergwerke, (als welche Canzeley anjetzt in Catharinenburg ist) abgegeben ist; folglich sämmtliche vorbesagte Bergwerke, von dem Gebieth der orenburgischen Gouvernementscanzeley abgenommen, und alle vordem bey derselben geführten Bergsachen, an bemeldete Berg=Hauptmannschaft gesandt sind; so erfordert die Ordnung; daß diese neuverordnete Verwaltung, nebst den unter ihr anjetzt stehenden Bergwerken, bey Beschluß dieses Theiles, so viel man die Nachrichten hat zusammen bringen können, besonders beschrieben werden, um desto mehr, da bey einer etwanigen Vermehrung der Bergwerke, auch diese Beschreibung alsdenn füglicher vermehret werden kann.

Zuförderst muß man wissen: daß wie der Staatsrath Kirilow, seinen Entwurf wegen Erbauung der Stadt Orenburg eingab, und denselben durch Beschreibung, der daraus zu verschaffenden Vortheile und des Nutzens, geltend zu machen suchte; man unter andern den Punct nicht weniger in Erwägung zog: daß allhier allerley Metalle und Mineralien entdeckt; und Bergwerke angelegt werden könnten; davon bis an die Zeit nicht ein einziges vorhanden war, und deren er welche nicht nur in Baschkirien, sondern auch in den Kirgiskaisakischen Gegenden zu entdecken, mit nicht geringer Zuverläßigkeit versprach. Hierauf ward der Kirilow

im

im Jahre 1734 nach Orenburg gesandt, und ihm, in der von Ihro Majestät der Kaiserinn Anna Joannownæ Glorreichsten Andenkens, eigenhändig unterschriebenen Instruction vom 18 May selbigen Jahres, nebst vielen andern übertragenen Geschäfften, im 15, 16, 17, und 18 Punct empfohlen, daß er sich äußerst angelegen seyn lassen solle, Erzte und Mineralien zu suchen, und Bergwerke anzulegen. Was für eine Gewalt aber dem Kirilow in dieser Sache ertheilet war, erhellet aus dem 27 Punct selbiger Instruction, allwo es heißt:

„Wenn durch den Segen Gottes einige Metalle „und Mineralien aufgebracht, und für die Krone ge„wonnen; oder auch Waaren durch Umsatz, und sonst „auf andere Art empfangen werden; so ertheilen Wir „ihm (Kirilow) die Vollmacht: so wohl dafür zu „sorgen, daß alles zum Besten der Krone empfangen „werde; als auch den Verkauf der Waare (ausgenom„men Silber und Gold welches, wenn etwas davon „gewonnen wird, nach Moscau zu senden ist) zu be„sorgen, so wie Zeit und Umstände den Preiß machen „werden. Bey Wahrnehmung Unseres Interesse soll „er in allem wie ein Kaufmann verfahren; und nicht „darauf sehen: wenn etwa eine Sache einmal mit vie„len, das anderemal mit wenigeren Kosten für die „Krone erhandelt wird; oder wenn beym Verkauf der „Kron-Waaren einmal Schade, das anderemal Vor„theil ist; wie es unter den Kaufleuten beständig zu „gehen pflegt; nur daß nach Vorschrift des 26 Puncts, „immer richtige Rechnung und ordentliche Bücher ge„führt werden: damit alles im Verkauf und Tausch „im Umlauf erhalten werden, und nichts lahm liegen, „und verlohren gehen möge.„ Zu dem Ende ist im 26 Punct verordnet: daß die Bücher und Rechnungen, nach der Kunst der Buchhalter geführt werden

den sollen; dahero auch dem Kirilow ein Buchhalter mitgegeben war.

So bald dieser Kirilow in Ufa angekommen war, und mit den angesehensten baschkirischen Aeltesten Bekanntschaft gemacht hatte; nahm er gleich zuerst eine Gelegenheit wahr, sie auf eine gute Art zu bewegen, so wohl die ihnen bekannten Stellen, die Erzt und Mineralien haben, zu zeigen, als auch neue aufzusuchen. Deswegen verlangte er, bey seiner ersten Reise nach der Gegend, wo Orenburg angeleget werden sollte, aus Catharinenburg einen Bergofficier, einige Steiger und andere Bergbediente, die ihm auch mitgegeben wurden. Diese brachten auf ihrer Reise an verschiedenen Stellen Kupfer- und Eisen-Erzte auf, worauf denn auch die Baschkiren durch dieß Beyspiel, so wohl als durch Belohnungen gereizt, anfiengen, dem Kirilow dergleichen Gegenden zu zeigen.

Wie der Kirilow von da wieder zurück reiste, war es ihm schon bekannt: daß in der Gegend von der von ihm neu angelegten Vestung Tabinsk, viele Kupfergänge wären, und dahero beschloß er schon im Jahr 1735, allhier ein Kron-Kupferbergwerk anzulegen, und hoffte, daß es ihm gelingen werde, dasselbe in den Stand zu setzen, daß daraus alle Jahr an reinem Kupfer 50000 Pud, und mehr gewonnen werden könnten. Ob dieß nun gleich sehr vielen, und besonders dem Geheimenrath Tatischtschew, der damals in Catharinenburg war, und alle die sibirischen und kasanischen Bergwerke betreffende Sachen unter seiner Direction hatte, unglaublich vorkam, und es für etwas unmögliches hielt, daß auf einem einzigen Bergwerk, so viel Kupfer ausgeschmolzen werden könne; so achtete der Kirilow dennoch darauf nicht; sondern machte den Anfang mit Anlegung der Berggebäude, wozu er den vorhinbemeldeten Commissair Utätnikow, nebst einigen
Bergbe-

## Gouvernements.

Bergbeamten annahm. Es wurden also diese Berggebäude in den Jahren 1736 und 1737, zehn Werst von Tabinsk am Berge Woskresenskaja Gorá, und bey dem Fluß Woskresenska, die ihren Namen von diesem Berge hat, angelegt; und wurden die Bergwerke die Woskresenskischen genannt. Allein die baschkirischen Unruhen, verhinderten die Fortsetzung des Werks, und der bald darauf erfolgte Tod des Kirilows, zernichtete diesen Entwurf.

Nach dem Tode des Kirilows, war die erste und nothwendigste Pflicht, der bey der orenburgischen Commißion verordneten Befehlshaber: darauf bedacht zu seyn: die aufrührerischen Baschkiren zu Paaren zu treiben, und die Ruhe wieder herzustellen; (wie solches in der orenburgischen Historie umständlich beschrieben ist). Auch mußten sie an den Bau der Stadt Orenburg, und der übrigen Vestungen denken, und dafür sorgen, daß alles in den gehörigen Stand gesetzt werde. Die Vorschläge und Arbeiten des Kirilows an den Bergwerken, besonders was die tabynskischen anlanget, geriethen also ganz in Stecken; und niemand dachte daran, bis an das Jahr 1743 in welchem Jahr auf Ihro Kaiserlichen Majestät speciellen Ukas die Stadt Orenburg, wie in dem ersten Kapitel angezeiget ist, an dem Ort, wo sie jetzt stehet angelegt, und glücklich zu Stande gebracht ward.

Man kann sagen: daß der gute Fortgang, den die Bergwerke seit Erbauung der Stadt Orenburg gehabt, wodurch so wohl die Einkünfte der Krone einen großen Zuwachs bekommen, als auch der allgemeine Nutzen sehr ist befördert worden, hauptsächlich folgendem Umstand zuzuschreiben ist.

Iwan Borisow Twerdyschew Kaufmann in Sinbirsk, ein Mann, der von dem innern und auswärtigen Handel eine genaue und gründliche Kenntniß

niß besaß; und der zwar damals kein großer Capitalist war; inzwischen aber wegen seiner Ehrlichkeit und rechtschaffenen Wesens, allenthalben Credit hatte, wagte es auf Anrathen seiner Freunde, und da er von Natur eine Neigung zum Bergwesen empfand, im Jahr 1743 dem wirklich Geheimenrath und Ritter Iwan Iwanowitsch Nepljujew, dermaligen Geheimenrath und Ober-Befehlshaber in Orenburg, eine Bittschrift zu übergeben, darinn er bat: daß ihm erlaubet werden möchte; die ehemaligen von dem Kirilow angefangenen Kupferbergwerke auf eben derselben, oder auf einer andern Stelle auf eigene Kosten zu erneuren, wobey er sich anheischig machte: alle von dem vorigen Bau in Tabinsk in Vorrath befindliche Geräthschaft und Instrumenten, so wie sie taxiret werden würden zu bezahlen. Weil er nun schon ehedem unter den Kaufleuten der erste gewesen der zu Anschaffung und Lieferung des Proviants, aus dem kasanschen und sinbirskischen District, in die Kron-Magazine nach Orenburg als einer noch neuen Pflanzstadt, die nächsten und bequemsten Wege gezeiget, die dasigen Einwohner zu sothaner Lieferung aufgemuntert, das Proviant gegen die vorigen Lieferungen ungleich wohlfeiler verschafft, und dadurch der Krone eine Ausgabe von vielen tausend Rubeln erspart hatte, so ward so wohl in Rücksicht dessen, als auch, weil der Twerdyschew ein zuverläßiger Mann war, und eine Kenntniß von dem baschkirischen Lande hatte, von gedachtem wirklich Geheimenrath und Ritter Nepljujew in vorbemeldetem 1743 Jahr an den dirigirenden Senat, unter Begleitung der Bittschrift und einer Empfehlung, eine Unterlegung gesandt. Diese Unterlegung sandte der dirigirende Senat in dem darauf folgenden Jahr bey einer Ukas an das Reichsberg-Collegium mit dem Befehl: es solle das Collegium mit dem Geheimenrath

gemein-

gemeinschaftlich darüber conferiren, darinn verfügen, und die Verfügung an den Senat einsenden.

Dem zufolge machte das Reichsberg Collegium nach hinlänglicher Berathschlagung mit oftgedachtem Geheimenrath, im Jahr 1744 eine Verfügung, des mittelst der Twerdyschew, in Rücksicht vorbemeldeter seiner Verdienste, allen andern alten und ansehnlichen Personen, die sich gleichfalls zur Uebernehmung, besagter von dem Kirilow angefangenen Bergwerke gemeldet hatten, vorgezogen ward. In dieser Verfügung war zugleich enthalten; was für Bedingungen in dem mit Twerdyschew, dieser Bergwerke wegen bey der orenburgischen Gouvernements-Canzeley zu schließenden Contract einzusetzen wären; wie er diese Sache mehr in Gang bringen solle; auf was Art er von diesen Werken, an die Krone nach Orenburg den Zehenten, und den Zoll von zwey procent bezahlen; und auf welchem Fluß er die Berechtigung habe, von den Baschkiren Ländereyen, Waldungen, u. d. g. zu kaufen, und an sich zu bringen; wie auch endlich, auf was Art die Canzeley mit denen, die sich sonst dieser Bergwerke wegen gemeldet, in Absicht der Uebernehmung anderer Bergwerke zu verfahren habe. dieß alles genehmigte der dirigirende Senat: worauf denn mit dem Twerdyschew, der Contract bey der orenburgischen Gouvernements-Canzeley geschlossen ward.

Da die baschkirische Nation für nichts so sehr Sorge trägt, als für die Erhaltung der ihnen erblich zugehörigen Ländereyen, und deren Appertinenzen, als: der Waldungen und besonders des wilden Honigbaues: so mußte man durchaus, bey dem ersten Anfange der Errichtung der Bergwerke, zu deren Gebäuden, so wie zum Brennen und zu Kohlen eine Menge Holz nöthig ist, sehr vorsichtig zu Werke gehen, die Baschkiren durch Schmeicheln zu gewinnen suchen, und gegen sie besonders Billigkeit und Mäßigung gebrauchen: damit sie nicht, als eine wilde und leichtsinnige Nation, der die Errichtung der Bergwerke in ihrem Lande als eine ganz neue Sache, nothwendig befremden mußte, Hinderungen in den Weg legen, und neue Unruhen anfangen möchten. Twerdyschew der in diesem Unternehmen, mit dem sinbirskischen Kaufmann Iwan Mäsnikow, und mit seinen zweenen leiblichen Brüdern in Gesellschaft getreten war, wußte sich in ihre Gemüthsart gut zu schicken; er schonte keine Mühe und Kosten, und verfuhr so vorsichtig und dabey so billig: daß die Baschkiren ihn so wohl als seine Gesellschafter lieb gewannen, und in Ehren hielten; ihnen anbey nicht nur in nichts hinderlich waren; sondern so gar wenn sie wo einige Bergarten aufgebracht, solches für eine ihnen gegebene Belohnung anzeigten; ja einige ließen sich so gar gebrauchen, das rohe Erzt für Bezahlung nach den Schmelzhütten hin zu führen. Da also Twerdyschew und seine Gesellschafter mit den Baschkiren immer bekannter geworden, und ihre Freundschaft und Zutrauen erlangt hatten; so brachten sie es dadurch so weit, daß sie ihr erstes Kupferbergwerk fast in einem Sommer zu Stande bringen konnten; als welches sie am Flusse Tor der in die Belaja fällt, 90 Werst von Tabinsk anlegten, und es nach dem zur Zeit des Kirilows, nahe bey Tabinsk angelegten Bergwerk Woskresenskoi nannten. Aus dem allhier beygefügten Verzeichniß ist zu ersehen: wie sehr dieser Twerdyschew und seine Gesellschafter sich um das Bergwesen verdient gemacht, und sich sowohl selbst dadurch in gute Umstände gesetzt, als auch dem Reich Nutzen geschafft haben.

Diese ihre wahren Verdienste bewogen denn auch Jhro Kaiserliche Majestät, den Twerdyschew und Mäsnikow als die ersten Bebauer, zu Directeurs und Collegien-

## Gouvernements.

gien-Assessors Allergnädigst zu ernennen; der älteste Bruder des Twerdyschews, Namens Jacow Twerdyschew, bekam gleichfalls den Titel als Directeur, der jüngere Bruder Peter aber, der nicht weniger Emsigkeit und Fleiß bewiesen, starb im Jahr 1749.

In welcher Ordnung die Bergsachen unter Direction der orenburgischen Gouvernementscanzeley geführt worden; wie viele Contracte nach Maßgabe vorgedachter Ukas des dirigirenden Senats mit den Bebauern geschlossen sind, und unter welchen Bedingungen solches geschehen; desgleichen wie viel an Zehenten und an der Abgabe der zwey pro Cent in die Kron-Cassa in Orenburg eingeflossen; solches alles ist aus den bey selbiger Gouvernementscanzeley vorhandenen Schriften zu ersehen. In dem 1754. Jahr aber wurden, wie oben gesagt ist, alle Bergsachen, nebst den Bergwerken von der Direction der orenburgischen Gouvernementscanzeley abgenommen, und unter die Direction der Canzeley der Ober-Verwaltung über die sibirischen und kasanschen Bergwerke gegeben: als welche Canzeley ihrentwegen eine besondere Expedition unter dem Namen der Berghauptmannschaft verordnet hat: unter welcher anjetzt alle die bemeldeten Bergwerke betreffende Sachen stehen. Wie viele Bergwerke aber bis an das Jahr 1760 zu dem Gebieth dieser Berghauptmannschaft gehören, und wessen sie sind, solches ist aus dem unten angeschlossenen Verzeichniß zu ersehen. Hiernächst ist zu bemerken: daß in ganz Baschkirien kein einziges Kron-Bergwerk ist; weil der dirigirende Senat, auf die Unterlegung des Reichs-Berg-Collegii, aus den von selbigem Collegio angeführten Gründen allhier dergleichen Bergwerke anlegen zu lassen, nicht für gut gefunden, und desfalls den 19. Oct. 1753 einen besondern Befehl hat ergehen lassen.

Uebrigens verdienet angemerkt zu werden: daß die in allen unten beschriebenen Bergwerken befindliche

M 2  Schichten

Schichten größtentheils alte Grubengebäude sind: welche deutlich darthun, daß die alten Einwohner dieser Gegenden die Bergwerke, und besonders das Schmelzen des Kupfers zu ihrer Zeit mit vielem Gewinnst und mit vieler Kunst getrieben: welches von den tatarischen Nationen, nämlich: den Scythen und Nagaiern, die keine beständige Wohnsitze gehabt, und sich fast mit nichts, als mit der Viehzucht abgegeben, durchaus nicht hat geschehen können. So wohl die Schichten, als die verschiedenen Sachen, die man darinn gefunden, zeigen an: daß diese Bergwerke und die Arbeit in denselben vor dem Einfall der Tataren angelegt und getrieben sind; und durch die über den jetzigen Grubengebäuden einige Arschin hoch liegende Erde werden wir davon überzeugt, daß selbige Arbeit schon vor sehr vielen Jahren müsse geschehen seyn. Man findet in den Schachten Instrumente, die wie Sicheln oder krumme Messer aussehen, von Kupfer, weil vielleicht die damaligen Völker kein Eisen gehabt haben, deren äusserliches Ansehen ihr Alterthum beweißt. Twerdyschew versichert von den jenseit der Sakmara an dem Kargal, und an den in diesen Fluß sich ergießenden Strömen, befindlichen Bergwerken, (die für die besten gehalten werden,) es wäre die Arbeit in denselben in den ältesten Zeiten mit so vieler Kunst getrieben worden: daß so gar die gegenwärtigen Steiger und Bergbeamte es nicht besser machen könnten; denn die Alten hätten das Erzt an vielen Stellen 20 Faden unter der Erde erbrochen; in einigen Schachten und Grubengebäuden aber sey das Erzt auf einer Fläche gewonnen; und dennoch stünden die Stollen bis jetzt eben so, als wären sie erst vor kurzer Zeit getrieben. Man kann zwar aus der großen Menge dieser Grubengebäude den richtigen Schluß machen, daß allhier auch große dazu angelegte Schmelzhütten müssen gewesen seyn; allein es sind gegenwärtig von letztern nirgends einige Spuren vorhanden, ausser daß

## Gouvernements.

daß man am vorgedachten Fluß Kargal, und an der Quelle der Samara einige von Backsteinen gemachte kleine Oefen und einige Stücke von gegossenen Kupfer von 2 bis 3 Pfund antrifft. Es kann seyn, daß dies nur Probir-Oefen gewesen sind; und daß zur Zeit des Einfalls der Tatern und Nagajer in diese Gegenden, kleine und geringe Werke stehen geblieben; die großen Schmelzhütten aber zugleich mit den übrigen Wohnungen verheeret, und zu Grunde gerichtet worden sind; so daß von ihnen keine Spur nachgeblieben ist. Das gegenwärtige Kupfererzt ist von der Beschaffenheit: daß die beste Massa, die man Werk nennet, von 100 Pud Erzt 5 bis 7 Pud reines Kupfer giebt: allein gegenwärtig nimmt man ein solches Werk nicht mehr, um die Bergwerke zu schonen. Twerdyschew hat mir gesagt: daß man anjetzt für die beste Proportion des Werks halte: wenn aus 100 Pud Erzt 3 bis 4 Pud Kupfer auskomme; die alten Bebauer aber hätten nur solches Erzt gebrochen und ausgeschmolzen; so 10 von 100 und mehr gegeben; als welches man aus der Anlage ihrer Grubengebäuder abnehmen könne: was man anjetzt in selbigen alten Gruben antreffe, sey dasjenige Erzt, welches die Alten, nachdem sie das beste ausgebrochen, und in die Schmelzhütten führen lassen, als taubes Gebirge nachgelassen hätten.

Man kann mit genugsamem Grunde behaupten, daß in dem orenburgischen Gouvernement unter allem, was die Natur hervorbringt, die Metalle und Mineralien die besten und nützlichsten Produkte sind. Zum Beweis will ich bloß die Kupferbergwerke des Twerdyschews anführen, ohne der übrigen, die jetzt vorhanden sind, und künftig in Gang gebracht werden können, zu gedenken. Dieser Twerdyschew gewinnt allein von seinen Kupferbergwerken jährlich 25000 und noch mehrere Pud reines Kupfer, woraus man schließen kann, wie groß die Quantität seyn müsse, die von sämmtlichen Bergwerken gewonnen wird, und was für einen ansehnlichen Nutzen dies neue Gouvernement bloß durch diesen Zweig der Krone so wohl als Privatleuten verschafft. Was für Vortheile könnte man sich nicht versprechen: wenn sich Leute fänden, die unter dem Segen des Höchsten in Aufsuchung des Erztes in andern entlegenern Gegenden den Ernst und den Eifer anwenden wollten, den Twerdyschew als der erste Bebauer dieser Bergwerke bewiesen hat? Die Kirgisen sind aber doch gefährliche Leute! könnte jemand einwenden: allein die Baschkiren waren nicht weniger zu fürchten. Ehe die orenburgische Expedition errichtet ward, waren in dem Innern Baschkiriens nicht nur gar keine Schmelzhütten vorhanden, sondern man unterstand sich kaum etwas von Erztgebirgen zu reden; nun aber sind die Einwohner so weit gebracht, daß sie selbst in ihrem Lande Erzte aufsuchen; wenn sie was finden, anzeigen: und so gar das gewonnene Erzt mit eigenen Pferden für Bezahlung nach den Schmelzhütten führen. Kunst und Fleiß überwinden alle Schwierigkeiten und Hindernisse, und machen so gar wilde Thiere zahm.

## Verzeichniß der gegenwärtig in dem orenburgischen Gouvernement befindlichen Bergwerke.

Den Collegien-Assessors Iwan Twerdyschew und Iwan Mäsnikow gehören folgende Kupferbergwerke:

1) Woskresenski ist das ergiebigste unter allen ihren übrigen Bergwerken, und auch unter allen zuerst, nämlich im Jahr 1745 auf dem nagaischen Wege in Tamjanskaja Wolost, am Fluß Tor angelegt: es liegt von Orenburg 162, von Tabinsk 90, und von Ufa 175 Werst. In diesem Bergwerk sind sieben Schmelzöfen, nebst den dazu gehörigen Gar-Oefen. Dazu sind 320 Bauerhöfe gekauft und angeschrieben: auch ist hier eine Kirche zur Auferstehung Christi.

2) Preos

2) **Preobraschenskoi**, liegt auf derselben Straße in Buschmas kiptschatskaja Wolost, am Flusse Urman Jelair von Orenburg, die Poststraße durch die Provinz Jset 190 Werst. Es sind hier 6 Schmelzöfen nebst dazu gehörigen Gestüben. Die Anzahl der gekauften und hier gepflanzten Bauern, besteht aus 130 Gesinden. Die Kirche ist von Holz, und hat den Namen zur Verklärung Christi.

3) **Werchotowskoi**, liegt auf eben der Straße in Jurmatynskaja Wolost, beym Ursprung des Flusses Tor 171 Werst von Orenburg. Hier sind drey Schmelzöfen. Dieß Bergwerk ist noch neu, und hat dahero noch keine Bauern und keine Kirche.

4) **Bogojawlenskoi**, auf derselben Straße in Jurmatynskaja Wolost, am Fluß Usolka, von Orenburg 242, und von Tabynsk 9 Werst, ist im Jahr 1752 angelegt. Die Anzahl der Höfe, worinn die von den Bebauern gekauften Bauern wohnen ist 200; die Kirche hat den Namen zur Verklärung Christi.

5) **Archangelskoi** in Truschewskaja Wolost, am Fluß Aksyn, von Ufa 66, und von Orenburg 300 Werst; ist im Jahr 1753 angelegt. Es hat dieß Werk 4 Schmelzöfen, nebst den dazu gehörigen Garöfen, dazu gehören 130 Bauergesinde, die die Bebauer an sich gekauft. Die Kirche führt den Namen des Erzengel Michael.

Ausserdem gehören dem Twerdyschew und dem Mäsnikow auch folgende Eisenwerke.

6) **Kutaw-Iwanowskoi** auf der siberischen Straße, in Truchminskaja Wolost am Flusse Kataw, von Orenburg 393, und von Ufa 194 Werst, ist im Jahr 1757 angelegt. Es sind hier zween Schmelzöfen, und 12 Hämmer. Zu dem Werk gehören 370 Bauergesinde, die Kirche hat den Namen Johannis des Täufers.

7) Jurusenskoi-Puchwerk, auf derselben Straße in Kudriskaja Woloſt, am Fluß Jurusen; von vorbeschriebenem Eisenwerke 15, und von Orenburg 408 Werſt; iſt im Jahr 1758 angelegt. Dieß Puchwerk hat 15 Hämmer, die Anzahl der erkauften Bauerhöfe iſt 160; eine Kirche fehlt hier noch.

Hiernächſt werden anjetzt auf der ſibeiriſchen Straße noch 2 Eiſenwerke angelegt, nämlich:

8) Am Fluſſe Sim von Orenburg 356, und von Kataw Jwanowskai 42 Werſt.

9) Am Fluß Turlän 440 Werſt von Orenburg.

Folglich beſitzen Twerdyſchew und Mäſnikow fünf Kupfer- und 4 Eiſenwerke.

10) Woſneſenskoi Kupferbergwerk, gehört dem Oberhofmarſchall Grafen Sievers, und liegt auf der nagaiſchen Straße, in Burſenskaja Woloſt am Fluß Jrgisla; der eine Werſt von dieſem Bergwerk, den Strom herab zur Linken in die Belaja fällt. Seine Entfernung iſt von Orenburg den Sommerweg 200, im Winter aber 250; und von Ufa gegen 300 Werſt. Es hat dieß Bergwerk 7 Schmelzöfen, 3 Garöfen, und ein Puchwerk. Die Anzahl der Häuſer, darinn Bergleute wohnen iſt 150; bis jetzt iſt hier bloß eine Feldkirche des heiligen Alexanders Uewskoi; die eigentliche Kirche aber wird den Namen zur Himmelfahrt Chriſti führen.

11) Pokrowskoi Kupferbergwerk, gehöret dem Generalfeldmarſchall und Ritter, Grafen Alexander Jwanowitſch Schuwalow zu, und liegt am Fluß Jk, der 150 Werſt von dieſem Bergwerke, den Strom herab zur Linken in die Sakmara fällt, von Orenburg aber 190 Werſt. Es hat 7 Schmelzöfen, und zween Garöfen. Die Anzahl der Häuſer iſt 100; die Kirche führt den Namen zum Schutz der Mutter Gottes.

12) Awſäno-Petrowskoi Eiſenwerk liegt 100 Werſt oberhalb Woſneſenskoi Sawod (Eiſenwerk) den Fluß

## Gouvernements.

Fluß Belaja hinauf, am Strom Awsäna; der 12 Werst von diesem Werk den Strom herab zur Rechten in gedachten Fluß Belaja fällt. Seine Entfernung ist von Orenburg 330, und von Ufa 205 Werst. Die Werke bestehen aus einem Schmelzofen, und 6 Hämmern; auch werden hier Anker und Platen gemacht. Der Wohnhäuser sind 50, die Kirche hat den Namen der heiligen Apostel Petri und Pauli.

13) Nischnei Awsänskoi, liegt von vorbeschriebenem Eisenwerk 5 Werst, und hat 6 Puchwerke. Dieses so wohl als das obige Eisenwerk, gehörten dem Grafen Peter Jwanowitsch Schuwalow, der sie gemeinschaftlich mit dem Collegien-Assessor Rosina Matfejew besaß.

14) Kano Nikolskoi, liegt am Fluß Kana, der 40 Werst unterhalb des Bergwerks, und 30 Werst von Wosnesenskoi in die Belaja fällt; von Orenburg 220, und von Ufa 329 Werst. Es gehört den tulaschen Kaufleuten Masalows, und hat 6 Schmelzöfen, und 2 Garöfen. Der Häuser sind 60, die Kirche hat den Namen Nicolai des Wunderthäters.

15) Troizkoi Satkinskoi Eisenwerk, am Fluß Satka der in die Belaja fällt, von Orenburg 550, von Ufa 254, und von Catharinenburg 220 Werst. Es ist hier ein Schmelzofen und einige Hämmer; gehört dem wirklich Kammerherrn und Ritter, Grafen Alexander Sergejewitsch Strogonow zu.

16) Hiernächst ist auch bemeldetem Grafen erlaubet worden, am Fluß Art ein Eisenwerk anzulegen; man weiß aber noch nicht an welchem Ort.

17) Blagoweschtschennoi Kupferbergwerk, am Fluß Ukaschla von Ufa 38, und von Orenburg 372 Werst; hat 4 Schmelz- und 2 Garöfen, und gehört Matfei Mäsnikow aus Sinbirsk zu.

18) Archangelskoi Kupferbergwerk, am Fluß Scharana, der 4 Werst von diesem Bergwerk in den

Fluß Sjun fällt, der Sjun aber ergießt sich den Strom herab zur Linken in den Jk. Dieß Bergwerk liegt von Orenburg 400, und von Ufa 130 Werst. Es sind hier 4 Schmelz- und 2 Garöfen. Das Bergwerk gehöret dem Iwan Krasilnikow zu.

19) Troizkoi Kupferbergwerk, am Fluß Kidasch der 30 Werst von ihm in den Jk fällt, dieser aber ergießt sich in die Kama. Es liegt dieß Bergwerk von Archangelskoi 40, und von Orenburg 350 Werst, und gehöret dem Directeur Iwan Osokin zu; hier sind 6 Schmelz- und 2 Garöfen.

20) Dieser Osokin hat auch auf erhaltene Erlaubniß am Flusse Jsen ein Kupferbergwerk angelegt; man weiß aber nicht wie weit es von Orenburg, und andern merkwürdigen Plätzen abgelegen ist.

21) Bogoslowskoi Kupferbergwerk, am Fluß Ritschui der in die Scheschma fällt; Scheschma aber ergießt sich in die Kama. Es liegt von Orenburg und von Ufa gleich weit, nämlich 396 Werst. Dieß Bergwerk gehört dem sinbirskischen Kaufmann Gerasin Glasow, und hat drey Schmelzöfen, nebst dazu gehörigen Gestüben.

22) Slatoustowskoi Eisenwerk, auf der siberischen Straße am Fluß Ai, der 150 Werst unterhalb des Bergwerks in den Fluß Ufa fällt; liegt von der Stadt Ufa 450 Werst. Dieß Eisenwerk, welches den Tulaern Masalows zugehöret, hat einen Schmelzofen und einige Hämmer.

23) Der Herr Generalprocureur beym Senat, General Kriegs-Commissär und Ritter, Alexander Iwanowitsch Glebow, hat die Erlaubniß bekommen, auf der osinischen Straße in Gaininskaja Wolost, an den Flüssen Tulwa, Schermank, Jerkul und Syp ein Kupferbergwerk anzulegen; wie weit es aber von Ufa und Orenburg liegt, ist noch nicht bekannt.

Alle

## Gouvernements.

Alle diese 23 Bergwerke stehen unter der so genannten orenburgischen Berg-Hauptmannschaft, die in Ufa ist.

Auſſer dem sind in der, zum orenburgischen Gouvernement gehörigen isettischen Provinz noch vier Eisenwerke; die unmittelbar unter der in Catharinenburg verordneten Obercanzley über die Bergwerke stehen. Darunter gehören

dem Edelmann **Iwan Demidow**.

24) **Werchnei Serginskoi** am Fluß Serga, der den Strom herab zur Linken, 50 Werst von dem Werk in die Ufa fällt. Es liegt von Catharinenburg 100 Werst. Zu diesem Eisenwerk, welches einen Schmelzofen und 6 Hämmer hat, gehören 150 Bauerhöfe.

25) **Nischnei Serginskoi**, liegt an eben dem Fluß vom erstern 15 Werst; es hat einen Schmelzofen und 6 Hämmer; auch sind hier nebst einer Kirche, 150 Bauerhöfe.

Dem Edelmann **Nikita Demidow** gehören

26) **Kaslinskoi** am Arm, der aus dem See Kasla oder Kaslinskoi in den See Kisyltasch fällt, von Tschiläbinsk 90, und von Catharinenburg 150 Werst; hat einen Schmelzofen und eilf Hämmer. Zu diesem Bergwerk sind laut Ukas des dirigirenden Senats 354 Personen, die aus unächter Ehe gebohren, und ihr Herkommen nicht anzugeben wissen, angeschrieben; die Anzahl der Wohngebäude ist 150.

27) **Kischtymskoi** am Flusse Kischtym, der den Strom herab zur Rechten in die Ufa fällt; von Kaslinskoi 20, und von Tschiläbinsk 80 Werst. Es sind in diesem Eisenwerk, welches ein steinernes mit eisernen Platen gedecktes Dach hat, zween Schmelzöfen und 12 Hämmer.

28) **Nase-**

28) Nase-Petrowskoi am Fluß Nasa, der 2 Werst von dem Eisenwerk in die Ufa fällt, von der Stadt Ufa 450, von Catharinenburg 250, und von Orenburg 780. Es hat einen Schmelzofen und acht Hämmer. Zu ihm gehören 130 Häuser; auch ist hier eine Kirche der Apostel Petri und Pauli.

Es sind also, laut diesem Verzeichniß, im orenburgischen Gouvernement bis jetzt 15 Kupfer- und 13 Eisen-Bergwerke im Gange; als welche Anzahl wegen der Menge des im Innern Baschkiriens schon erbrochenen und künftig sich findenden Erztes von Zeit zu Zeit zunehmen und sich vermehren kann; um desto mehr, da man nicht vor langer Zeit auch jenseits des Jaiks und in den kirgiskaisakischen Gegenden ergiebige Kupfer-Erzte entdeckt, und auch schon wirklich aufzubereiten angefangen hat.

## Ende der orenburgischen Topographie.

Inhalt,

# Inhalt,
der Kapitel der orenburgischen Topographie.

## Erster Theil.

### Erstes Kapitel.
Von dem Namen Orenburg, woher und wenn er entstanden — — S. 3

### Zweytes Kapitel.
Von den Grenzen, und dem Umfang des orenburgischen Gouvernements, und den ihm angrenzenden Oertern und Völkern — 9

### Drittes Kapitel.
Von den Provinzen und Districten des orenburgischen Gouvernements — — 38

### Viertes Kapitel.
Von der Verschiedenheit der im orenburgischen Gouvernement wohnenden Nationen nach ihrem alten und gegenwärtigen Zustande — 40

Fünftes

## Inhalt.

### Fünftes Kapitel.

Kurze Beschreibung der Lage des ganzen orenburgischen Gouvernements, und dessen Beschaffenheit so wohl in Absicht des Clima, als auch dessen, was in und über der Erde ist  •  155

### Sechstes Kapitel.

Von dem Zustande des innern und äussern Commercii, wie es ehedem gewesen, anjetzt ist, und künftig erweitert werden kann  •  250.

Inhalt,

# Inhalt,
## des zweyten Theils.

**Erstes Kapitel.**
Von der Stadt Orenburg, und denjenigen Oertern, die unmittelbar zu dieser Stadt gehören, und die orenburgische Provinz ausmachen   S. 1

**Zweytes Kapitel.**
Von dem Gebieth der Jaiker Kosaken, und ihrem Zustande       42

**Drittes Kapitel.**
Von der Nieder-Jaikischen Distanz   70

**Viertes Kapitel.**
Von dem stawropolschen Gebieth, dessen Umfang, und den übrigen dahin gehörigen Umständen       76

**Fünftes Kapitel.**
Von der samarischen Distanz und deren Beschaffenheit.       91

**Sechstes Kapitel.**
Von der sakmarischen Distanz    100

Siebens

# Inhalt.

### Siebentes Kapitel.
Von der krasnogorischen Distanz . . 104

### Achtes Kapitel.
Von der orischen Distanz, und den dazu gehörigen Vestungen . . 109

### Neuntes Kapitel.
Von den Vestungen der uischen Linie, die bis an die sibirische Grenze gehen . . 113

### Zehentes Kapitel.
Von der Provinz Iset, und denen unter ihrem Gebieth stehenden Oertern . 121

### Eilftes Kapitel.
Von der Stadt Ufa, und von der ganzen ufischen Provinz . . . 150

### Zwölftes Kapitel.
Von dem Gebieth der orenburgischen Berghauptmannschaft . . . . 171

Leipzig,
gedruckt bey Bernh. Christoph Breitkopf und Sohn,
1772.

www.ingramcontent.com/pod-product-compliance
Lightning Source LLC
Chambersburg PA
CBHW020925230426
43666CB00008B/1578